ポケット版

30日間片づけプログラム

監修
収納スタイリスト
吉川永里子

笠倉出版社

いつまでも片づけられないあなたへ

はじめに

「よし、モノを捨てて片づけよう！」と一念発起したつもりなのに、やっている途中で思い出の品が出てきたり、捨てるモノと残すモノを上手に分けられなかったりして、挫折した経験はありませんか？

片づけが進まないのは、作業をはじめる前に片づけの目的やゴール、自分にとって捨てるべきモノが何なのかが明確になっていないからです。モノを捨てるためには、自分にとって不必要なモノを見つける必要があります。逆に言えば「必要なモノを残す」＝「自分を知る」ことでもあります。

モノの必要・不必要の判断が上手になれば、余計なことに時間やお金を費やすことがなくなり、自分のやりたいことに投資できます。

これはモノの片づけだけではなく、勉強や仕事、恋愛、趣味などにも通じています。片づけができる人＝本当に必要な物事が見えている人は、どんな場面でも適切なジャッジができるから、人生そのものがうまく回っていくのです！　あなたも片づけることはからはじまる、幸せの連鎖を体感してみて下さい！

片づけることで起こるいいこと

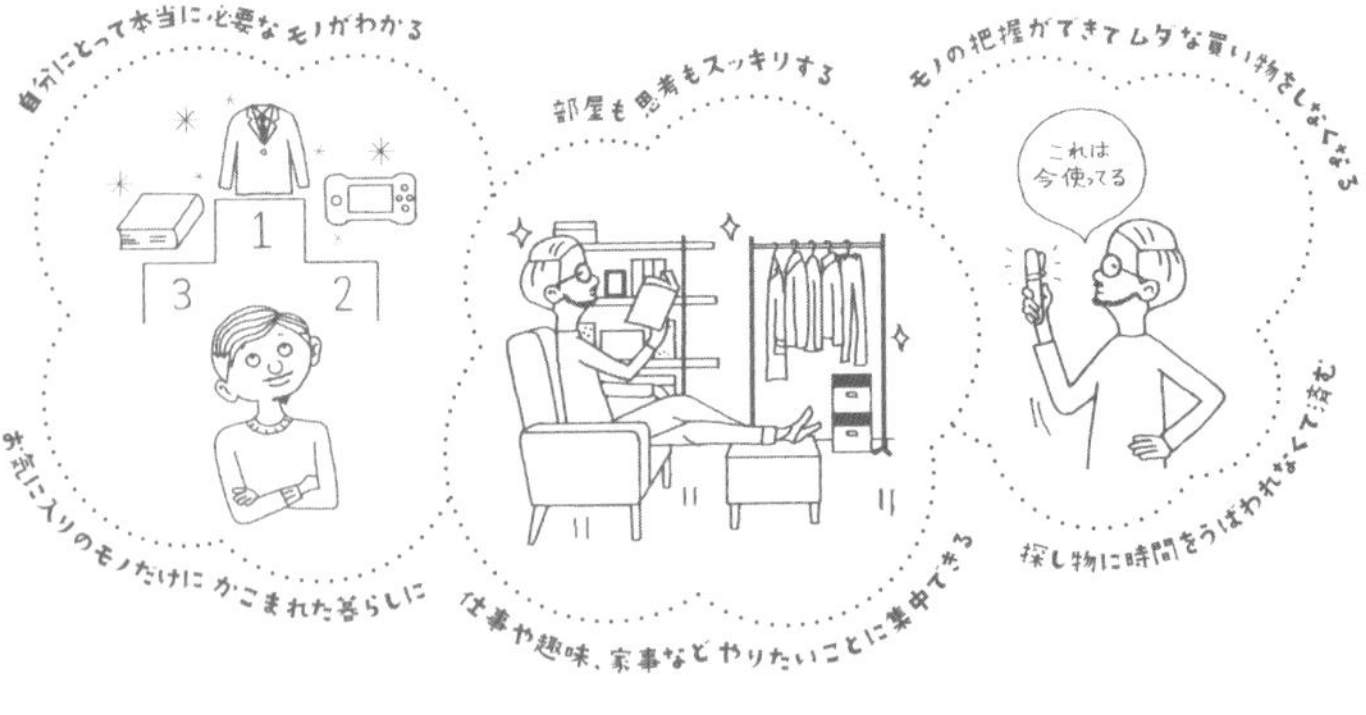
自分にとって本当に必要なモノがわかる
お気に入りのモノだけにかこまれた暮らしに
部屋も思考もスッキリする
仕事や趣味、家事などやりたいことに集中できる
モノの把握ができてムダな買い物をしなくなる
これは
今使ってる
探し物に時間をうばわれなくて済む

確実に片づけるための

本書の活用方法

本書は3つのパートで構成しています。Part1では、基礎理論として整理の視点を解説します。Part2では、実際に1日1ジャンルずつ片づけていきましょう。最後にPart3では残したモノの収納方法と循環のしかたをご紹介します。

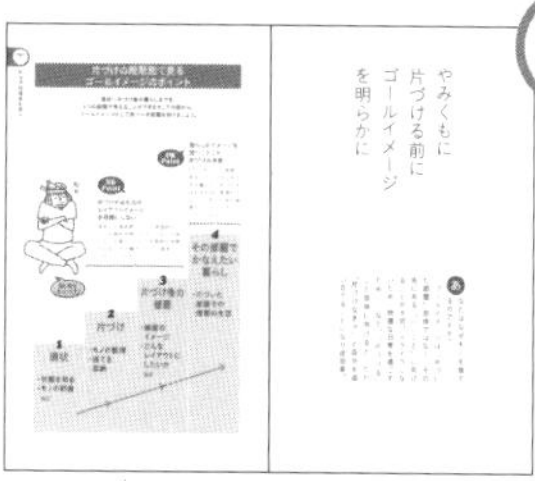

Part 1 片づけの視点を学ぶ

ここでの目的

- モノを捨てるメリットやその意味を知る
- Part2で捨てる前に、叶えたい暮らしのゴールイメージを持つ
- 今持っているアイテムを把握し、優先順位をつける

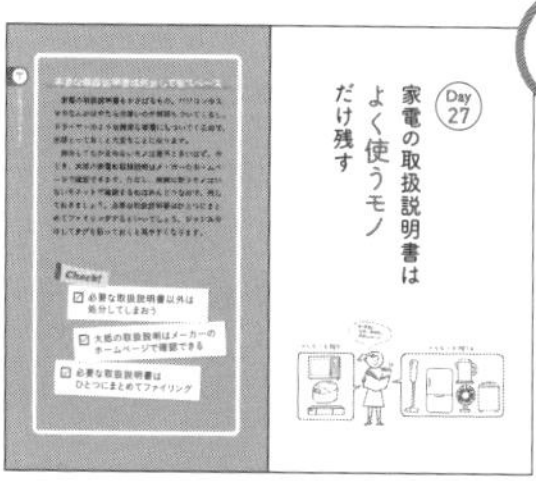

Part 2 30日間片づけプログラム

ここでの目的

- その日に紹介されている内容をもとに確実にいらないモノを捨てる
- 各アイテムの整理方法を知る
- コツコツ毎日こなして30日後には部屋の中をスッキリさせる

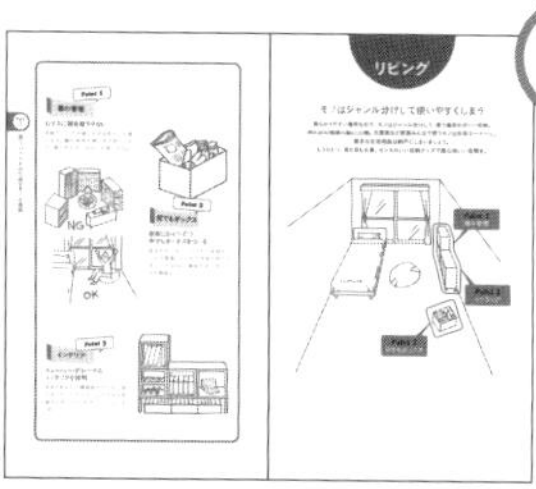

Part 3 脱・リバウンドのためのモノの循環

ここでの目的

- 動線に合わせたモノの置き場を決める
- 買いたくなるときの注意、ストックを買うタイミングなどを知る
- モノのINとOUTのしくみを学んでリバウンドを防ぐ

Contents

はじめに 2
本書の活用方法 3

Part 1 片づけの視点を学ぶ

片づけとは本当に必要なモノを見つめ直すこと 8
捨ててはじめてわかる豊かさ 10
どうして捨てられないのか？ 12
モノの選択基準は今使っているかどうか 14
「捨てる」は整理の工程の一部 16
イベントとしての片づけを終わらせる 18
やみくもに片づける前にゴールイメージを明らかに 20
自分の家のＩＮとＯＵＴのバランスを知っているか 24
持ち物をリストで分類・管理 26
モノを捨てると心も整う 28
モノの所有欲は人それぞれ 30
モノと向き合うための7つの問い 34
片づかない人にありがちな4タイプ 38
整理上手の3ステップ 44
どうしても捨てられないときは2択で考える 46
それでも捨てられないときは4分割に仕分ける 48
成功率の高い場所から着手してみる 52
散らかりがちな場所を意識する 56
そのアイテムには〝戻る場所〟があるのか 58
消耗品の消費量を知ろう 60
収納できていたら「黒字」
床に散らばれば「赤字」
むやみに家具を増やせば「借金」 62

Part 2 30日間片づけプログラム

Day 1 何回着られるか計算してから服の全体量を決める …… 66
Day 2 カジュアル服は3年着たらもう十分 …… 68
Day 3 ハンガーポールに服を掛けるなら8割まで …… 70
Day 4 ゴムがのびた下着はお役御免 …… 72
Day 5 かかとのすり減りつま先の色はげは捨てるサイン …… 74
Day 6 ビニール傘のストックは2本まで …… 76
Day 7 使い心地の悪いゴワゴワタオルはぞうきんに …… 78
Day 8 化粧品サンプルは洗面台に出してすぐ使う …… 80
Day 9 1年以上使わない食器はこの先も使うことはない …… 82
Day 10 コンビニやスーパーでは割箸、ストロー、スプーンをもらわない …… 84
Day 11 冷蔵庫の食材は1週間で使い切るルールに …… 86
Day 12 タッパーは小サイズのみ残して他はすべて処分 …… 88
Day 13 溜まっていく冷凍食品&レトルトには定期的に「食べる日」を設ける …… 90
Day 14 洗剤や調味料にストックはいらない …… 92
Day 15 ストックの紙袋は大1／中3／小3枚 …… 94

Day 16 情報収集としての本や雑誌の保管は半年まで …… 96
Day 17 文房具はアイテムにつき2個まで …… 98
Day 18 おみやげやもらい物は、お礼がすんだらあげるor売る …… 100
Day 19 メッセージカードや年賀状は返事を書いたら処分 …… 102
Day 20 カメラやビデオ機器の付属品はクリアパックに …… 104
Day 21 趣味のアイテムに特定の保管コーナーをつくる …… 106
Day 22 書類はすぐ開封しジャンルごとの定位置に …… 108
Day 23 使い終わった通帳や請求書に役目はなし …… 110
Day 24 大切な思い出は思い出ボックスに入る分だけ …… 112
Day 25 CD・DVDはケースから処分すべし …… 114
Day 26 写真はベストショット以外すべて削除 …… 116
Day 27 家電の取扱説明書はよく使うモノだけ残す …… 118
Day 28 スマホのアドレス移動を手動でやる …… 120
Day 29 忙しくて洗濯できないなら洗濯機は不要 …… 122
Day 30 物品と交換するタイプのポイントカードは溜めない …… 124

Part 3 脱・リバウンドのためのモノの循環

循環するということ …… 130
掃除と整頓は整理してからの話 …… 132
買いグセのある人はとりあえず〝買わない心がけ〟を …… 134
買いたくなる心のメカニズムを解析する …… 136
無性にほしいときの自分に問いかけたい5つのこと …… 138
ラベリングで循環しやすい工夫を …… 140
モノの置き場所は個人の暮らし向きに合わせて …… 142

場所別 モノのしまい方 …… 144
リビング …… 146
キッチン …… 148
クローゼット …… 150
バスルーム／トイレ …… 152
物置き …… 154
玄関 …… 156

Column 片づけられない人あるある

❶ 自宅に埋蔵金伝説 …… 64
❷ 衣類や革製品は高級品ほどおいしい …… 126
❸ 片づけに行ったきり行方不明 …… 158

おわりに …… 159

Part 1

片づけの視点を学ぶ

〝片づけ〟とはどういう目的で、どのように行うものなのでしょうか？
目指したい暮らしのイメージや、自分にとって本当に必要なモノは何なのか
考えることからはじめてみましょう。

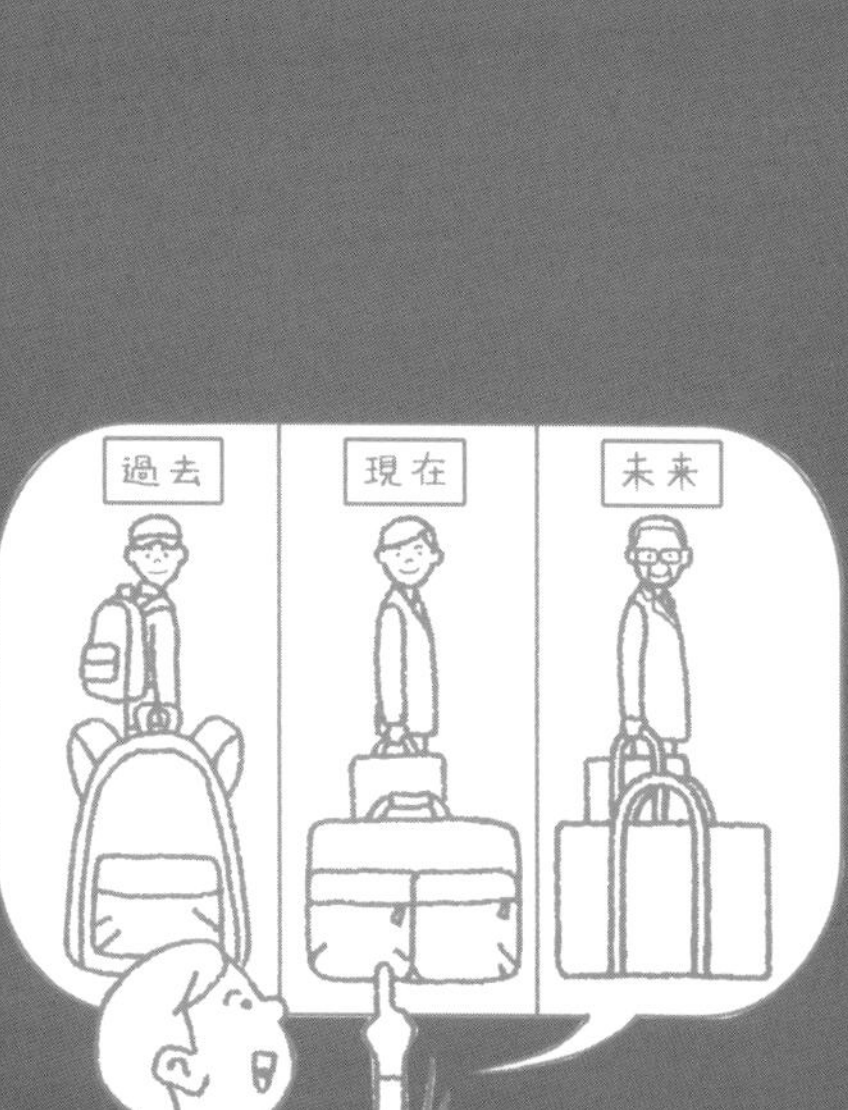

片づけとは本当に必要なモノを見つめ直すこと

片づける」とは、どういう作業を意味するのでしょうか？ 辞書によれば「物を適当な場所に入れ納める。乱雑に置かれている物をまとめ整える」と説明されています。しかし、その作業ばかりしていても、本当に片づいた状態にはなりません。なぜなら、捨てなければならないモノをたくさん残した状態で納めている可能性があるからです。

　ですので、適当な場所に納める前に「いらないモノ」を捨てる必要があります。つまり、捨てるとは「いるモノ」を選びとる作業なのです。シビアに捨てれば捨てるほど、本当に必要なモノに絞られていきます。これは単なる片づけでなく自分を知ることにもつながるのです。

　では、「片づけ」は何のためにするのでしょうか？「片づけた後の暮らしに起こるいいこと」のためにするのです。片づけを完了させることでモノを管理するわずらわしさがなくなり、よりスムーズな暮らしになります。すると、「いいこと」がたくさん待っています。

モノを捨てる＝自分探し

捨てる作業は自分を分析してこそできるもの。
あなたの家にあるアイテム、本当に全部必要ですか？

Before

ムダばかりが多く必要なモノを見つけ出せない

自分に必要なモノを知らないと、不要品に囲まれて、部屋が散らかる→探し物に時間がかかる→見つからないのでまた買う→出費がかさむ、といった悪循環に。時間もお金も奪われて、大切なことができなくなってしまう。

After

不要なモノを捨てれば生活に余裕が生まれる

自分の行動範囲や趣味嗜好を知っていれば余分なモノに振りまわされず、スマートな暮らしに。時間やお金をムダに奪われることがないので、その分、仕事や趣味など自分のやりたいことのために使えるようになる。

捨ててはじめてわかる豊かさ

「捨てる」ことからはじまる「片づけ」。そして、その先に広がるスムーズな暮らし。そこには、どんな「いいこと」が待っているでしょうか？

　部屋が散らかっていると、そこに住んでいる人の生活は、ゴチャゴチャしたものになってしまいます。すると、不思議とその人の心の中までグチャグチャになってきます。

　でも、部屋がスッキリ片づくとどうでしょう？　まず、探し物がなくなり、そのためのイライラがなくなります。そして、時間に余裕ができます。すると、趣味やオシャレを楽しむゆとりも生まれます。居心地の良い家では、自分の生活を大事にしようという気持ちも育まれます。ここまで来れば、幸せのスパイラルは回りはじめているのです。

　ハッピーな方向に転がりはじめた人生は、もっと大きな幸せを呼び込むものです。「捨てる」「片づける」からはじまるプラスの連鎖は多くの人が実感していることです。

“足る”を知ればムダなく暮らせる

「使うかわからないけど、あれもこれもないと不安」

けれど実際に使えるモノは限られています。

Before

「今は使わないけど、いつか必要」なモノは一生使われない

「いつか使う」と思いながら、1年以上使っていないモノたち。悲しいことに、それはきっと一生使わない。探し物をしていると出てくるのは死蔵アイテムばかり。これらは見つけた時点でいさぎよく別れを告げたい。

After

足りる＝モノが多いことではない

整理すれば、自分の嗜好のほか消耗品の買い替えの時期などがわかりやすくなり最小限のモノで暮らせるように。整理対象になりにくい家具や家電も、一度検討して、処分できれば広々した場所を確保できる。

どうして捨てられないのか？

上手に「捨てる」ことができていますか？

捨てることに慣れていないと、捨てるべきかどうかのジャッジがあやふやになってきます。最近では「捨てる」ことがブームになっていますが、触発されて「よし、いらないモノ全部捨てよう！」と、はじめてみても、どれが「いらないモノ」なのかよくわからなかったりして。迷っているうちに、「いつか使うだろう」と思いはじめて、どれも惜しくなり、結局「いいか、また今度で」なんてことに。

「いらないモノ」がわからないということは逆に言えば「必要なモノ」がわかっていないということです。つまり、自分自身のことをよくわかっていないのです。そして、持ち物全体を見渡し、バランスをとることができていないのです。「自分自身をわかって、そして、全体も見渡せる」。「捨てる」ためには、両方の視点を持って、モノと向き合うことが必要なのです。

捨てたい気持ちを惑わす“いつか”の呪文

モノを捨てようとするとぶち当たるのが「いつか使う」という選択肢。
そのときはいつ来るのでしょうか?

あなたの「捨てる」をじゃまする いつか使うモノたち

「ランニングしたいからシューズはとっておこう」「写真もはじめたいからカメラも捨てられない」。そういう浅く広い好奇心からモノが増えていく。好奇心は大事だが、いつか捨てるときがくるなら、今整理しよう。

モノの選択基準は今使っているかどうか

「自分が生きて行くのに必要なモノって何だろう？」。わかりそうでわからないものです。ずばり、その基準は「今」に焦点を絞ること。今、使っているモノ、役に立っているモノは「現役選手」として、より使いやすい環境を整えてあげるのです。その中で、よく使う「スタメン」は最も使いやすいところを定位置に。毎日は使わないけれど、予備のストックなどスタメンを補う「ベンチ要員」は、すぐ使えるよう管理しましょう。

今使っていない、必要ないモノは過去の選手。その中で、思い出になるモノや保管することに意味あるモノは「殿堂入り」、それほどでないものは迷わず処分の対象に。家が散らかる元凶のほとんどは過去のモノなのです。

「またいつか使うかもしれない」「将来、子どもにあげるつもり」など、未来に焦点を置いているモノも処分の対象にしましょう。あくまでも「今」がモノの選択基準なのです。

過去、現在、未来でアイテムを仕分ける

処分の対象は過去のモノだけではありません。
未来のモノにも向き合うことで、今の自分に必要なモノを見極めましょう。

ジャンル別にアイテムを集め見比べる

1ジャンルで複数持っているときは一度それらを集める。例えばカバンだったら、「過去→学生時代に愛用していたリュック」、「現在→今使っているビジネスバッグ」、「未来→年を重ねたら似合うかもしれないビンテージの本革バッグ」のように仕分けをするとスムーズに整理ができる。

アイテムの仕分けポイント

過去のモノ
- 高かった
- 昔は気に入っていた
- 親しい人からもらった

現在のモノ
- 今一番使っている
- きちんと手入れしている
- 使いやすい定位置で管理している

未来のモノ
- いつか使うかも
- 残しておいたら価値が出るかも
- 子どもができたらあげたい

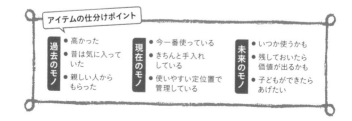

「捨てる」は整理の工程の一部

「捨てる」ことが「片づけ」に欠かせないこと、そして、本当に必要なモノはそんなに多くないということがわかりました。

ここでは「捨てる」ことと「片づけ」の関係をもう少しくわしく見てみましょう。

「片づけ」には、「整理」「収納」「循環」という3つの工程があります。

整理と収納はあまり区別していないかもしれませんが、この2つ、実は全く違う作業です。整理とはモノを「必要なモノ」と「不必要なモノ」に分けることで、収納とは「必要なモノ」を使いやすい状態にすることです。「必要なモノ」と「不必要なモノ」を区別するときは「今、使っている」か「今、使っていない」かを基準にすると見えてきます。

そして「不必要なモノ」を処分する手段のひとつが「捨てる」です。

「循環」は使ったモノを元の場所に戻すことです。片づいた状態をキープするのに必要な工程です。

片づけの3層構造

片づけは、“捨てる”を含めた3つの段階で成り立っています。
これから、どんな流れで進めていくのかを知れば、
目標を見失うことなくできるでしょう。

循環

使ったモノを正しい場所に戻す。また、ひとつ増やしたらひとつ捨てることで家の中にためない。

収納

残したモノの置き場所を決め、しまうこと。

整理

モノの優先順位を考えて、必要なモノと不必要なモノにわけ、後者を捨てる。

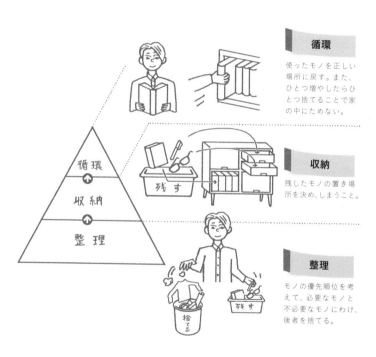

イベントとしての片づけを終わらせる

一口に「片づけ」と言っていますが、片づけは大きく2つにわけることができます。

ひとつは「イベントとしての片づけ」。まず、最初に行うのがこの「イベントとしての片づけ」です。その際は、はじめに必要なモノと不必要なモノをわける「整理」を行います。必要なモノは「収納」します。そして、不必要なモノは捨てましょう。片づいた状態をキープするには、まず「イベントとしての片づけ」を終わらせるのです。

「イベントとしての片づけ」は一度すませてしまえば普段は行いません。何年かごとの節目の時期やライフスタイルが変化するタイミングで見直します。ですから「模様替え」も「イベントとしての片づけ」です。

もうひとつが「毎日の片づけ」です。こちらは日常的な作業。使ったモノを定位置に戻す「循環」を日々行うことを心がけます。必要に応じて、掃除や整頓を行って、自分の基準から見た「キレイ」な状態を保ちます。

一念発起の片づけは1回きりに

あなたは毎回気合いを入れて片づけをしていませんか？
下のイラストのようなシーンに心あたりがあれば、
それは表面的にキレイにする片づけで終わってしまっている
可能性があります。

モノがあふれている&床に散らばっている状況はNG

戻るべき場所に返されず床に放りっぱなし、また、モノの置き場所がないのに増やしたことが原因で散らかった状態から整理するのは、「イベントとしての片づけ」。目指したいのは、戻すべき場所に戻す&INしたらOUTする「毎日の片づけ」だけですむようになること。

2つの片づけの違い

イベントとしての片づけ

- ☑ 置き場所がないor床に散乱しているモノを整理する
- ☑ もらいっぱなしor買いっぱなしのモノを整理する
- ☑ 明らかにゴミでしかないモノを大量に分別して捨てる

毎日の片づけ

- ☑ 元あった場所にモノを戻す
- ☑ 「何でもボックス」に一時的に入れていたモノを整理する
- ☑ ひとつもらったor買ったので、ひとつあげるor捨てる

やみくもに片づける前にゴールイメージを明らかに

あなたはなぜモノを捨てるのですか？

ゴールイメージは「片づいた部屋」自体ではなく、その先にある「いいこと」に向けることが大切。イライラしないため、快適な日常を過ごすため……など。「片づける」こと自体に向けると、ただ「片づけなきゃ」と自分を追い立てることになり逆効果。

片づけの段階別で見る ゴールイメージのポイント

現状〜片づけ後の暮らしまでを、
4つの段階で考えることができます。下の図から、
ゴールイメージとして持つべき段階を知りましょう。

1 現状

・状態を知る
・モノの把握
など

2 片づけ

・モノの整理
・捨てる
・収納

3 片づけ後の部屋

・部屋のイメージ
・どんなレイアウトにしたいか
など

4 その部屋でかなえたい暮らし

・片づいた部屋での理想の生活

NG Point

片づけそのものやレイアウトイメージを目標にしない

見栄えや達成感といった表面的なところを最終目標にすると、また次第にモノが増えていく。本質的な目標ではないので軸がブレて、挫折・リバウンドしがち。

OK Point

暮らしのイメージを持つことこそ片づけの本質

「スッキリした部屋で何をしたいのか」を大きな軸として片づけをはじめれば、整理もスムーズ。片づけ後の循環もしっかりできてリバウンドしにくい。

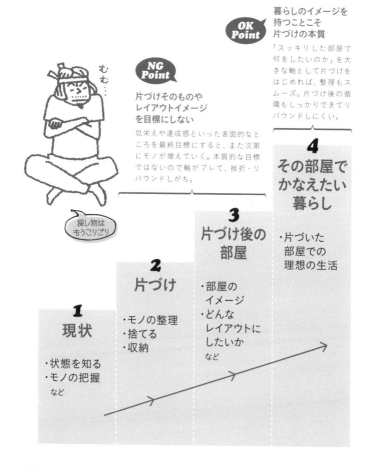

ゴールイメージの OK例

時間……探し物がなくなってスムーズに暮らせる

お金……モノの把握ができて消費のタイミングがわかり、ムダな出費がなくなる

気持ち……思考が整理されて集中力がアップする

OK Point **時間的効果 経済的効果 気持ち的効果というように、効果別に軸を決めてから目標を考えてみる**

ゴールイメージの NG例

・お客様が来たときに恥ずかしくないレベルに整える

・モデルルームのようなインテリアにしたい

・モノが少ない方がシンプルでかっこいいから、とりあえず捨てたい

NG Point **捨てることやインテリア選びに満足してしまい、完了した後も続いていく循環がイメージできていない**

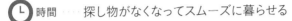

ゴールイメージを書き出してみよう

自分の家のＩＮとＯＵＴのバランスを知っているか

何かをひとつＩＮすれば、家の中にはモノがひとつ増えます。さらに10回ＩＮしたらどうですか？家の中にはモノが10個増えます。誰が考えてもわかること。では、１００回ＩＮしたらどうでしょうか……？こうして、メタボハウスは、知らず知らずのうちにできあがっていくのです。

１００個のモノを片づけるのは大変なことです。当然ですが、モノが少ない方が片づけるのはラクです。いちばんシンプルなのは１個ＩＮしたら１個ＯＵＴするという「ＩＮとＯＵＴの法則」を守ることです。「時間があるときにやろう」と先延ばしすると、いつまでたってもモノは減りません。

人が生きて行くのに最低限必要なモノはそう多くはありません。でも、ＩＮとＯＵＴのバランスを意識的にとらないと、いつの間にか増える一方。モノはひとりで入ってくることもなければ、勝手に出て行くこともありません。自分で捨てたり、あげたりしないとメタボは進むばかりなのです。

INとOUTの法則

あなたの自宅は、適切にINとOUTをできていますか？
仕組みをイラストで見てみましょう。

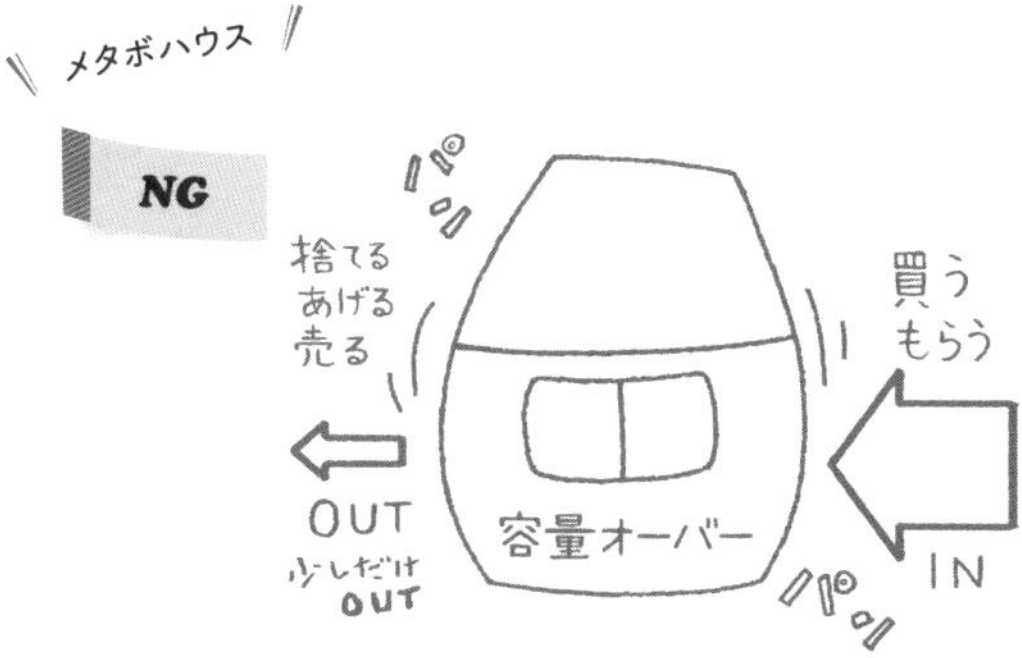

多く取り入れ少ない排出

例えば、新しい服を3着もらったら既存の服を3着捨てるor売らなければならない。しかしこのタイプは増やすだけ増やして、出すことはしない。循環が悪く、だんだん容量が増えていく。

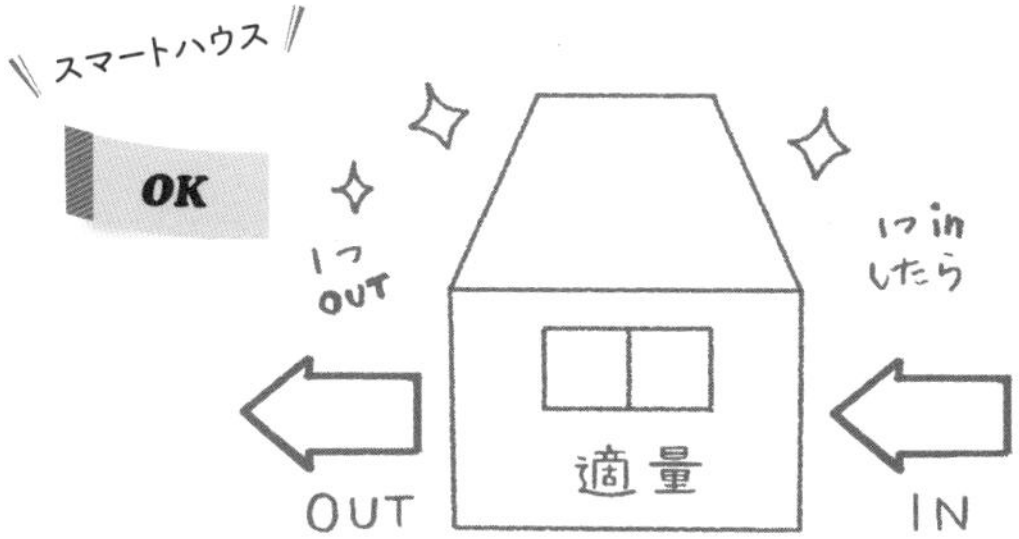

取り入れた分だけバランスよく排出

もらうor買った分だけ、捨てるのを徹底しているタイプ。モノの置き場所に困らず、常に整理された状態を保っている。また、使ったモノを元あった場所に戻すという家の中の循環もしっかりとできている。

INとOUTの循環に
便利なツール

持ち物をリストで分類・管理

持ち物をきちんと把握している人は片づけ上手。
買い物のときに代わりにOUTするモノがわかるし、買い物の失敗による死蔵品もなくなります。

Point 1 大分類を書く

Point 2 小分類を書く

〈例〉洋服の場合

洋服

トップス	ボトムス	アウター
ネルシャツ(赤)	スキニー(黒)	ダッフルコート(紺)
シャツ(青)	スキニー(ダークグレー)	レザージャケット(黒)
シャツ(青/ストライプ)	ダメージデニム	テーラードジャケット(グレー)
セーター(白)	チノパン(カーキ)	テーラードジャケット(黒)
トレーナー(紺)	スウェット(グレー)	ミリタリージャケット
トレーナー(グレー)	スラックス(黒)	ダウンコート(キャメル)
長袖Tシャツ(あずき色/ボーダー)	サルエルパンツ(キャメル)	パーカー(グレー)
		チェスターコート(紺)

リビングの収納引出し

〈1段目〉	〈2段目〉	〈3段目〉
サインペン	スティックノリ	ふせんセット(大・中・小)
油性マーカー	セロハンテープ	メモ帳
シャープペン	クリップ(小)	封筒(A4)
修正テープ	クリップ(大)	封筒(三つ折り)
はさみ	ホチキス	便せん
カッター	輪ゴム	切手
定規		

Point 3
ひとつずつ
ふせんに書く

Point 4
アイテム別だけでなく
場所別の管理もアリ

吉川さんの
持ち物リスト

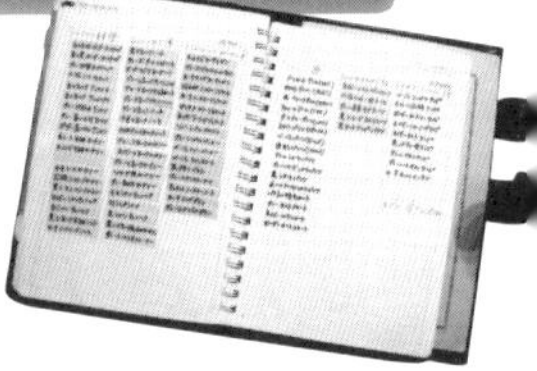

リストの管理方法

1. アイテムを大分類と小分類に分ける
2. 分類の数だけふせんを用意
3. 各分類のふせんにアイテム名を書き込み、該当のスペースに貼る
4. 買い物のときや処分するタイミングでチェックする

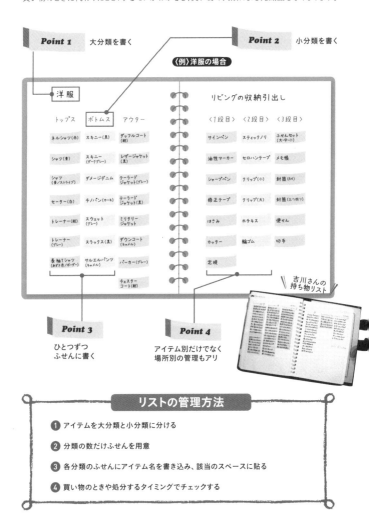

ふせんでアイテムを把握しよう!

管理リスト

保管しているアイテムを実際にふせんに書いて貼り出してみましょう。

大分類

小分類1	小分類2	小分類3

大分類

小分類1	小分類2	小分類3

モノを捨てると心も整う

「捨てる」ことは、あくまでも片づけるための手段のひとつです。

何かモノを買うと、代わりに何かを減らさない限り、家の中にはモノが増え続け、モノが多くなるにしたがって、片づけに対する意欲が薄らいでいきます。

例えば、忙しくて心の余裕がないときに、モノを使いっぱなしにしてしまい、部屋が散らかってしまったという経験はありませんか？

部屋の状態は、心の状態を表すモニターです。何でもかんでも欲しがって、インプットばかり多くて、散らかった部屋に住んでいると心も整いません。自分に何が必要かを知ることと、必要でないモノを捨てることは、つまりは同じこと。そして、モノの整理をすることは、心を整理することにつながります。「捨てる」ことは、まさにそのとっかかりにあるステップなのです。

捨てることは心の整理でもある

モノの整理をするには、優先順位をつけるのが効果的です。
優先順位をつけることで自然と自分に大切なモノも見えてくるでしょう。

整理するには優先順位をつける

選択によって、何を得て何を手放すことになるのか。自分に問いかけてみよう。モノを捨てられない人の多くは優先順位をつけるのが苦手。部屋だけでなく、仕事やプライベートにおける決断力にも影響してくるので、常日頃、優先順位をつける訓練をすることが大切。

優先順位がつけられないときのポイント

Point 1 ジャンル別にモノを集めて2択にする

くわしくはP.46
「どうしても捨てられないときは2択で考える」へ

Point 2 思い入れの度合いと使用頻度別に分ける

くわしくはP.48
「それでも捨てられないときは4分割に仕分ける」へ

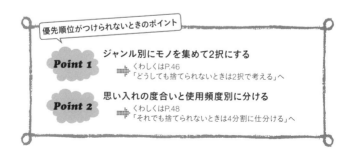

モノの所有欲は人それぞれ

みんながみんなインテリア雑誌みたいな部屋を目指す必要はありません。モノの所有欲は人によって違うもの。「自分がラクチンに感じる程度」で片づければOKなのです。

どこまで片づけるかの目標とすべきラインとして、まずは「探し物をしなくてすむ部屋」を目指しましょう。

モノの所有欲度チェックシート

次の項目は、あなたがどれだけモノに対して
「持っていたい!」と感じているのかの度合いを知りましょう。
各項目をチェックして、所有欲に応じて対策を練りましょう。

使い方
丸でチェックしよう!
思う 1 / あまり思わない 2 / 思わない 3

	かなり思う 0	思う 1	あまり思わない 2	思わない 3
❶ Tシャツは3〜5枚あればよい				
❷ 部屋着のジャージは2セットあればよい				
❸ 本は電子書籍で読むので本棚はいらない				
❹ 情報収集はスマホで十分				
❺ 音楽はデータで聴くのでCDはいらない				
❻ 書類はすべてスキャンしてPCやUSBで一元管理したい				
❼ 家に人を呼ばないので食器は1セットあればよい				
❽ 洗濯機がなくてもコインランドリーで問題ない				
❾ フライパンや鍋などはいくつも必要ない				
❿ 季節のイベントアイテムはレンタルでよい				
⓫ フォーマルな服は普段着ないのでレンタルでよい				
⓬ ベッドじゃなくても眠れる				
⓭ 趣味のアイテムは所有してなくても見ているだけで十分だ				

		かなり思う	思う	あまり思わない	思わない
14	DVDや本、マンガなどは見たいときにレンタルすればよい	0	1	2	3
15	おみやげやプレゼントは消え物が一番だと思う	0	1	2	3
16	食品は買ってきたらその日中に食べきる方だ	0	1	2	3
17	道具が必要な趣味はとくにない	0	1	2	3
18	レシートや明細書などは基本的にもらわない	0	1	2	3
19	下着は5セットあればよい	0	1	2	3
20	部屋にインテリアは必要ない	0	1	2	3
21	写真データはSNSにアップしたらもう必要ない	0	1	2	3
22	化粧品やヘアケア剤は決まったモノをリピートしている	0	1	2	3
23	外出用の服は1週間分あれば足りる	0	1	2	3
24	お気に入りのペンが1本あれば筆箱は必要ない	0	1	2	3
25	家でゆっくり食べる時間がないのでテーブルはいらない	0	1	2	3
26	掃除の手間が増えるので家具は増やしたくない	0	1	2	3
27	家電や機械には強いので取り扱い説明書を見なくても大丈夫	0	1	2	3
28	ハガキや手紙などは一度読んだらとっておかなくてよい	0	1	2	3
29	掃除はフローリング用ワイパーがあれば十分	0	1	2	3
30	モノがなくてもリラックスできる方法を知っている	0	1	2	3

診断結果

❶〜㉚でチェックした数字を合計して結果をみていきましょう。
下の結果は、あくまで現時点でのあなたの所有欲を表すものです。
ステップアップするには「対策」を実行してみましょう。

	0〜15点	16〜40点
現時点での所有欲	かなり弱め	ふつう
対策	モノに支配されずに暮らせている理想的な状態。それでも部屋が散らかっているとすれば、時間がないかモノをしまう場所がきちんと決まっていないのが原因かも。一度収納を考え直すとスッキリしそう。	モノは少ない方が暮らしやすいとわかっていても、実際はなかなか減らせないもの。本当に使っているかどうか日常生活のなかでシビアにチェックしてみると減らし所が見えてくる。

	41〜65点	66〜90点
現時点での所有欲	少し強め	かなり強め
対策	集めているモノや、「これだけは減らせない」というアイテムはないか振り返ってみよう。好きなモノは管理できていれば無理に減らす必要はないので、減らす対象を実用品などに変えて数量の見直しを。	「モノを持っている＝豊か・幸せ」と思っている節が強いので、いきなり捨てることを考えない方がベター。足りていることを実感するために、いくつか選んだモノだけを使った暮らしに挑戦してみよう。

「モノの量」と「片づけの大変さ」どっちを重視する？

モノと向き合うための7つの問い

気持ちの整理をつけるのに役立つのが「自分スライダー」。
モノを捨てるときに迷ったら、7つの項目に対する自分の捉え方を考えてみて。

掃除のしやすさ

こまめな掃除が必要だが、オシャレに飾って見せる収納

取り出しにくいが、ホコリは溜まらない隠す収納

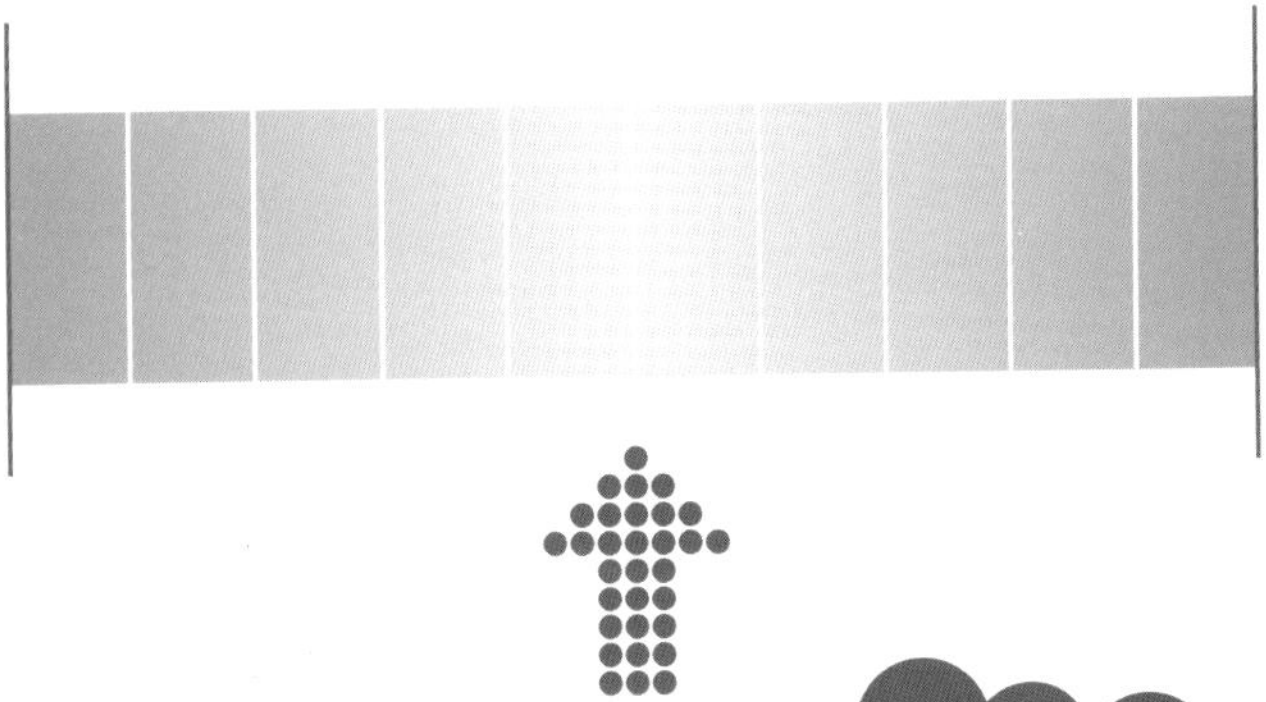

使い方
自分が該当するところにヤジルシをつけてみよう

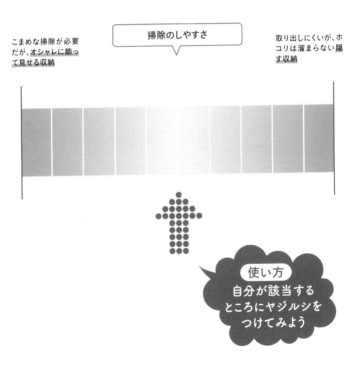

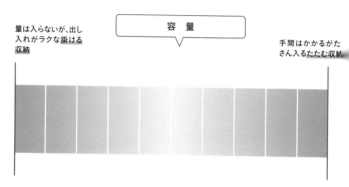

容　量

量は入らないが、出し入れがラクな掛ける収納

手間はかかるがたさん入るたたむ収納

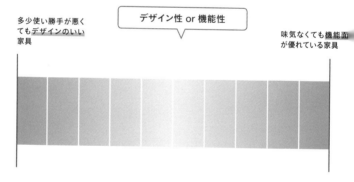

デザイン性 or 機能性

多少使い勝手が悪くてもデザインのいい家具

味気なくても機能面が優れている家具

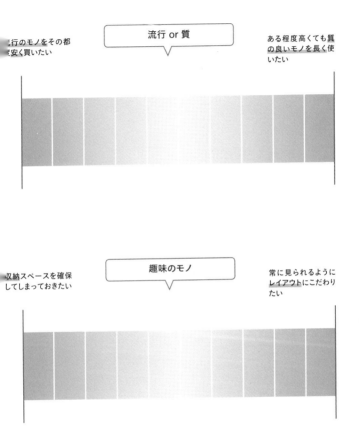

流行 or 質

行のモノをその都
安く買いたい

ある程度高くても質
の良いモノを長く使
いたい

趣味のモノ

収納スペースを確保
してしまっておきたい

常に見られるように
レイアウトにこだわり
たい

思い出の残し方

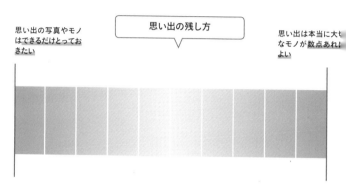

思い出の写真やモノはできるだけとっておきたい

思い出は本当に大切なモノが数点あればよい

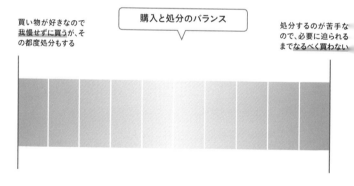

購入と処分のバランス

買い物が好きなので我慢せずに買うが、その都度処分もする

処分するのが苦手なので、必要に迫られるまでなるべく買わない

あなたはどのタイプ？

片づかない人にありがちな4タイプ

A

- ☑ ショッピングが好き
- ☑ 衝動買いが多い
- ☑ ストックがないと心配
- ☑ 趣味が多い
- ☑ コレクション傾向がある
- ☑ 収納用家具を買い足したい

B

- ☑ 何を捨てるのにもためらう
- ☑ 使っていないモノが圧倒的に多い
- ☑ もったいないと思ってしまう
- ☑ 質のいいモノを長く使いたい
- ☑ 迷ったらとりあえずとっておく
- ☑ 片づけにはじっくり時間をかけたい

片づかない人にも実はいろいろなタイプが。
それによってどこに力を入れたらいいかは違ってくるので、
自分のタイプを知るのは大事。
チェックテストで確認してみましょう。

C

- [x] モノのジャンル分けが苦手
- [x] モノをつい隠すようにしまってしまう
- [x] しょっちゅう探し物をする
- [x] 優先順位をつけられない
- [x] 引出しの中がごちゃごちゃ
- [x] 棚や引出しにしまうことぐらいならできる

D

- [x] 基本的にめんどくさがり
- [x] 家事に時間をかけたくない
- [x] 服をたたんでしまうのが苦手
- [x] 忙しくて時間がない
- [x] しまい込むと二度と使わなくなる
- [x] 細々したことをついつい後まわしにしがち

診断結果

Aが多かった人は…
増やすタイプ

特徴　基本的にモノを買うことや所有することが好き。あれこれ増やす一方なので家の中が容量オーバー気味になっている。

アドバイス　いったん、買うのを意識的にセーブしてみると、モノのコントロールがしやすくなっていく。
➡P.138「無性にほしいときの自分に問いかけたいこと」

Bが多かった人は…捨てられないタイプ

特徴　一度手に入れると、使っていなくても、自分の趣味でなくても手放すことができない。決断力がなく、何でもとっておいてしまう。

アドバイス　買うときorもらうときに、「本当に使うか」「入れる場所はあるか」を吟味するとムダがなくなる。

➡P.62「収納の『黒字』と『赤字』」

Cが多かった人は…
仕分けができないタイプ

特徴　モノを種類や特性で分類することが苦手。いろいろな種類のモノを1カ所にごちゃっと収納してしまう。

アドバイス　モノをジャンル分けして、棚や引出しの段ごとに、入れるものを分ける練習をすると使いやすくなる。

➡P.26「持ち物をリストで分類・管理」

Dが多かった人は…
しまえないタイプ

特徴

めんどくさがりやさん。ついつい後まわしにしてしまうので、後になって整理するのに余計な時間がかかってしまう。

アドバイス

モノをしまうときには、動線に合わせた場所に固定するなど、時間や労力がかからない工夫をするといつもスッキリ保てる。

➡P.140「ラベリングで循環しやすい工夫を」

整理上手の３ステップ

「今、使っていないモノを処分する」。頭でわかっていても、どうやったらいいのかわからない！

そんな人に耳よりのコツがあります。それは、次の３つのステップを踏むことです。

Ｓｔｅｐ１．まずは狭い範囲から手をつけるのが得策。初めから大風呂敷は広げません。「この引出し」「この棚１段」など１ヵ所に絞ってモノを全部出してみます。

Ｓｔｅｐ２．その中から「今、使っているモノ」だけを選び出して元の場所に戻します。元の場所に戻したモノだけが今の自分に必要なモノです。どうです、簡単でしょ？

Ｓｔｅｐ３．残ったモノを１．すぐ捨てられるモノ、２．迷うモノ、３．思い出として保管するモノの３つにわけます。２は、今日の日付を書いたビニール袋に一旦入れておきます。半年間一度も使わなかったら、その時はいさぎよく、捨てる、あげる、売るなどして、家から完全にＯＵＴしましょう。

使っていないモノの処分のしかた

単に今使っているモノ以外を捨てられればラクですが、
中には保管したい思い出の品や迷うモノもあるでしょう。
そんなときの仕分け方をご紹介します。

Step 1

引出しのモノを全て出す

まずは棚の1段分、ひとつの引出しのように狭い場所を選ぶとよい。

Step 2

今使っているモノを選ぶ

出したアイテムの中から、使用頻度の高いモノだけを取り、元の引出しへ戻す。

Step 3

残ったモノを3つにわける

すぐ捨てられるモノはゴミ箱へ。迷うモノ、保管したいモノはそれぞれボックスをつくって入れる。

どうしても捨てられないときは2択で考える

それでも、やっぱり捨てられない！　困りました。優先順位をつけられないパターンですね。

どうしても捨てられないモノは、無理に捨てなくても大丈夫。ただ、全てをとっておくことはできないので、何かが犠牲になります。片づけが困難になる。部屋が狭くなる……。それは避けたい！　と思うなら、やはり、モノとモノとの選択でケリをつけるしかありません。

どうしても捨てられないときは同じジャンルのモノどうしを競わせて勝ち抜き戦をします。ペンならペンどうし、TシャツならTシャツどうし、それぞれを両手に持って「どっちを残したいか」と決めていくのです。

時として決断が厳しいときもあるけれど、1対1なら、わかりやすいので誰にでもできるはずです。子どもに自分で決めさせるときにも有効です。ジャンルごとに最後にどれだけ残すかは自分で決めてOK。

1対1で天秤にかける

捨てるのに迷ったときに効果てきめん！
わかりやすく誰でもできる簡単整理テクニック。

あまり時間をかけずにテンポよく決断するのがコツ

ジャンル別にモノを集めたら、両手にひとつずつ持って残す方を決める。このとき、最終的にいくつ残したいのか事前に決めておくこと。2択で選んだだけでは、多く残ってしまう場合は、さらに目標の個数になるまで勝ち抜き戦にするのもよい。

2択でモノを選ぶ方法

Step 1 ジャンルごとにモノを集める

↓

Step 2 最終的に残す個数を決める

↓

Step 3 1対1でモノを選んでいく

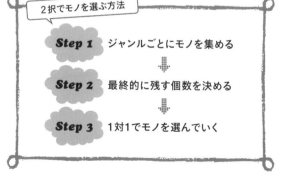

それでも捨てられないときは4分割に仕分ける

どうしても捨てるモノを決められないとき。何のとっかかりもないまま漠然と考えていても答えは見えてきません。

そんなときは具体的な指標に沿って考えてみると気持ちの整理がついていくもの。使っているか、使っていないか。思い入れがあるか、ないか。図を参考に考えてみましょう。

4分割マッピング

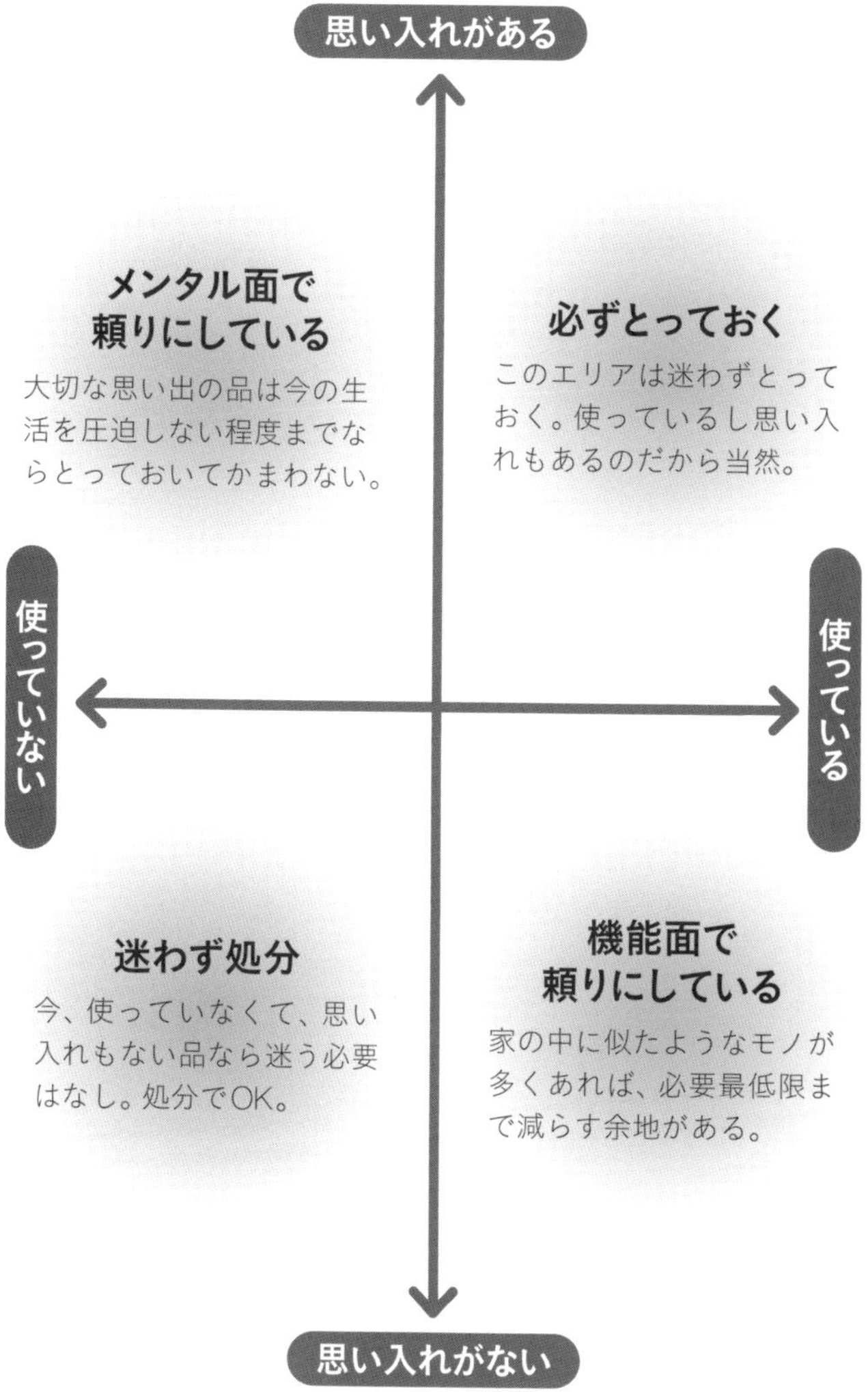
思い入れがある
メンタル面で頼りにしている
大切な思い出の品は今の生活を圧迫しない程度まで ならとっておいてかまわない。
必ずとっておく
このエリアは迷わずとっておく。使っているし思い入れもあるのだから当然。
使っていない
使っている
迷わず処分
今、使っていなくて、思い入れもない品なら迷う必要はなし。処分でOK。
機能面で頼りにしている
家の中に似たようなモノが多くあれば、必要最低限まで減らす余地がある。
思い入れがない

4分割仕分けリスト

下の4つの分類に当てはめて、モノをリストアップしてみましょう。

思い入れがある

必ずとっておく

□

□

□

□

□

□

□

使っている

機能面で頼りにしている

□

□

□

□

□

□

メンタル面で頼りにしている

□

□

□

□

□

□

□

使っていない

迷わず処分

□

□

□

□

□

□

□

思い入れがない

せっかく片づけたのだからリバウンドは避けたい！

成功率の高い場所から着手してみる

Challenge 1

狭い場所

財布やカバン、ポーチの中など、とにかく小さいスペースからはじめましょう。15～30分で終わるのが目安です。

モチベーションを維持するには、取り組みやすいところからはじめて
成功体験を積むことが大切です。

Challenge 2

1ジャンルずつまとまっている場所

下駄箱、洗面台下の収納スペースなどは、置くべきモノが明確。靴だけ、洗剤だけというように1ジャンルのアイテムが置かれるので、整理が進みます。

Challenge 3

使用頻度が高い場所

毎日使うキッチンなど、使用頻度が高い場所は使っているかどうかの判断がしやすいうえ、片づけの達成感も得やすい。

ただしキッチンは範囲が広いので、「今日はシンク下」、「吊り戸棚だけ」と、場所を絞って取りかかること。

Challenge 4

思い入れに左右されない場所

お風呂場や玄関など、思い出や愛着のあるアイテムが少なく、整理しやすい場所もおすすめ。使わないけれどお気に入りのモノ、希少価値のあるモノなどは整理が滞るので後回しに。

散らかりがちな場所を意識する

敵を制するには、まず、敵を知ること。家の中の散らかりがちな場所を把握しておくことは片づけるうえで重要です。

片づけが苦手な方は、家を思い返すといつも決まって次の3大ポイントが散らかっていませんか？　その1．ダイニングテーブル、その2．ソファ、その3．玄関付近。これらの場所は、行動科学的に、手の届きやすいところに位置しているのです。

ダイニングテーブルには食べ残し、新聞、郵便物、リモコンなどいろんなモノを、つい置いてしまう。ソファの上に多いのは衣類。脱ぎ散らかしたシャツ、トレーナー、また、カバンなどもおきっぱなし。玄関などの出入口は、帰ってきて、とりあえず買い物袋、コートなどをそのまま放置。どうです、思い当たりませんか？

ひとまず、これらの場所を「置いてはいけない聖域」と意識してみる。そして、どうしても置きたいのであれば、ソファ横に一時保管場所としてのカゴを置くなど、定位置をつくる対策をとればＯＫ。

3大！ 散らかりやすい場所

仕分けがめんどくさくて、ついつい置いてしまう。
そんな場所はありませんか？
実はどのお宅にも共通する散らかりやすい3つの場所があります。

その1

ダイニングテーブル

食べた後のコンビニ弁当のトレー、後で読もうと置いておいた新聞、重要かもしれないけど今は開封したくない郵便物etc……。ここにあるモノは、郵便物を除いては、すぐに処分できる可能性が高い。

その2

リビングのソファ

ここに置かれるのは、脱ぎっぱなしの部屋着や、昨日履いたジーパン、取り込んだ洗濯物といった衣服類。戻る場所が決まっているアイテムなので、時間を決めてきちんとしまえばすぐにスッキリするはず。

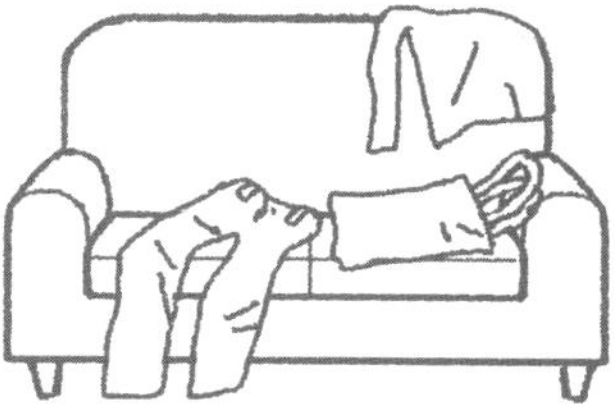

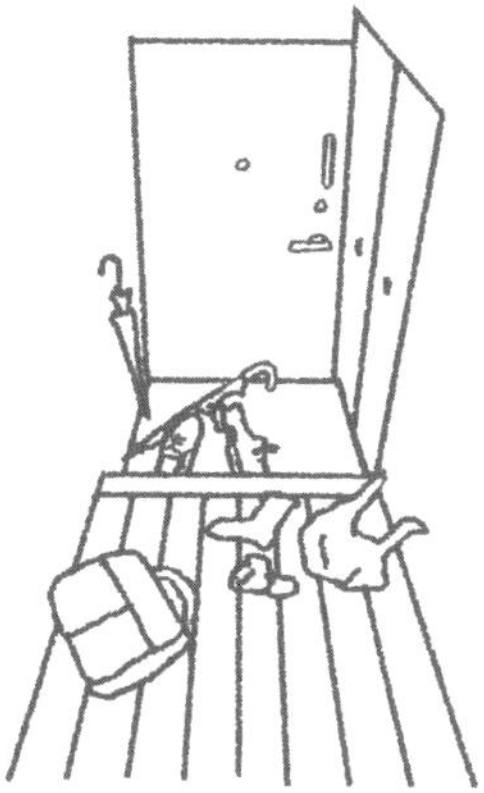

その3

玄関付近

帰ってきてそのまま放置されたカバン、脱ぎっぱなしの靴下、ゴミ袋など。これらもほとんどは戻る場所が決まっているので短時間で片づく。予防するには、帰宅時に玄関でモノを置くのを我慢してリビングまで来ること。

そのアイテムには〝戻る場所〟があるのか

部屋はキレイであってほしいけれど、年がら年中片づけのことばかり気にしているわけにはいきません。生活していれば必ずモノを使います。使っている間は部屋が散らかるのは当たり前です。

散らかっている状態には、気にしなくていい場合と気にしなければいけない場合があります。

気にしなくていいのは、散らかっているモノにちゃんと戻る場所があるとき。今は、使っているから散らかっているだけのこと。忙しくて2〜3日出っぱなしだとしても、忙しいのが終わったら、すぐ元に戻せばいいのです。

気にしなければいけないのは、そのモノに戻る場所がないとき。いわば、ホームレスの状態です。新しいモノを買ってきたときにありがちです。戻る場所がなければ延々とその場所に居座ることになるのです。これは放置してはいけません。ひとつＩＮしたらひとつＯＵＴのルールを守って、戻る場所（定位置）を決めてあげましょう。

モノのホームレス状態をなくす

決まった場所に決まったモノが入れられていますか？
あふれているモノがあれば、場所をつくってあげるか、
処分する必要があります。

OK

戻る場所が決まっているアイテム

アイテムの整理をするときの視点として重要なのは、戻る場所が決まっているかどうかということ。あふれてしまう場合は、一度引出しの中身を全て出してモノを選び直す必要がある（➡P.45「使っていないモノの処分のしかた」参照）。

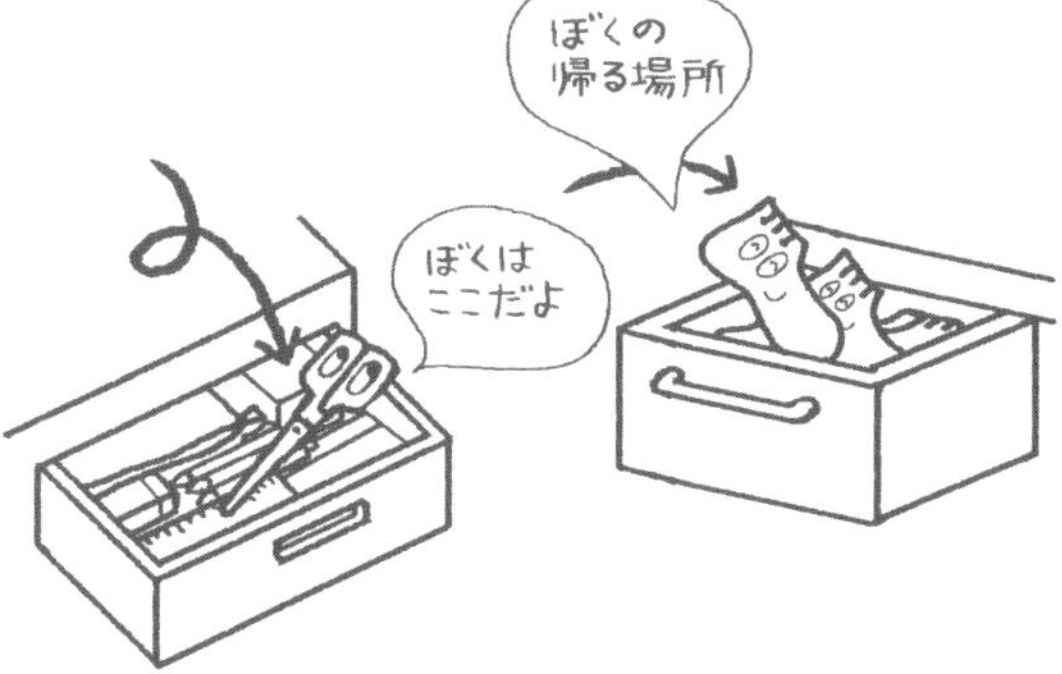

NG

入れる場所が決まっていない新品のモノ

新しくもらったり、購入したりした場合には、それと同じ数だけ捨てるルールにしよう。INとOUTのバランスを調整しつつ入れる場所を決めてあげることで、ホームレス化してしまうモノが出ないようにする。

消耗品の消費量を知ろう

ストックをしまい込んで忘れてしまっていませんか？　これは、二重買いをして、モノがあふれる原因になります。ストックがないと不安に思うのは消耗品を使い切ったときに困ると思っているからでしょう。でも、本当に大事なのは、残量を把握しておくこと。そうすれば、替えを買うタイミングがわかります。例えば、調味料なら中身の見える透明な容器に詰め替えるといいでしょう。これができればストックはいりません。

でも、防災の観点から、万が一のときにないと困るモノを「備え」として3日分は用意しておきましょう。ただ、これも、あれこれ保管しすぎると片づかない原因になってしまいます。大事なのは、いざというとき、困らない量を把握して備えておくこと。お米は？　トイレットペーパーは？　人数によって、各家庭の必要量はまちまちです。どれくらいの量なら何日もつのか、わが家での必要量を一度調べておくといいでしょう。

中身が見える容器で残量チェック

ストックの買い込みグセを直すには、
日々の残量チェックを習慣づけることが効果的。

大容量詰め替えが特売でも惑わされない！

「今日は特売だ！」と一時的にテンションが上がって、大容量の詰め替えを買ってしまうのはありがちなNG。調味料ならなおさら、容器の空きスペースに入りきる商品を選んだ方が、鮮度の良いうちに使えるし、ストックの場所もとらなくてすむ。

収納できていたら「黒字」床に散らばれば「赤字」むやみに家具を増やせば「借金」

部屋が散らかっているなら、片づけをしてあげないといけません。言わば、改善する必要のある芳しくない状況。一定の危機感を持って臨んでいたいものです。そういう意味では、お金の収支にたとえることができます。

収納と家計は、「決められた範囲でやり繰りする」という点で似ています。例えば、散らかっている状況は「赤字」にたとえられます。そもそもモノは収納できる範囲に収めるべきなので、そこからあふれてしまえば、超えた部分が赤字というわけです。

さらに、あふれてしまったからといって収納のために家具を増やすのは、借金をしているのと同じ。一見解決したように見えるけれど、繰り返せば、今度は収納家具で圧迫されます。決められた収納の中でやり繰りしなければ「循環」にならないのです。

床にはモノがあふれ出してこないよう、「赤字」を出さないよう、やり繰りを心がけましょう。

収納の「黒字」と「赤字」

あなたの自宅は「黒字」になっていますか？
モノを決まった場所に保管して「赤字」が出ないよう調整しましょう。

黒字

**決まった場所に
決まった数だけ収納されている**

大好きな本だとしても、次々と増やすのではなく、決めたスペース内に納めるルールを徹底し、ひとつ買ったらひとつ捨てる循環を。

赤字

**帰る場所がないのに増え
床に置かれてしまったモノたち**

入る場所がないのに買い込んでしまったモノたち。決まった場所に置かれず放置されるモノは「赤字」と同じ。

借金

**赤字を埋め合わせるための
さらなる置き場づくり**

赤字分の本を置くための棚を増設してしまう。ただしまえばいいのではなく、INとOUTで総数を均一にすることが本質。

1台目

2台目　3台目

Column
1

片づけられない人 あるある❶

監修の吉川永里子さんが、
これまで片づけてきたお宅に共通するあるあるネタをご紹介。
あなたにも当てはまるかも？

あんなところやこんなところからお金が出てくる

自宅に埋蔵金伝説

脱ぎ捨てたジャケットや久しぶりに履いたズボンのポケットからお金が出てくるということはありませんか？　さらには引出しの中や積み重なった本の間から、万札が発見されることも。片づけで見つかったお金を集めると総額が何十万と大金になることは、意外にも実際に起こっています。あなたも知らず知らずのうちに、あらゆる場所に埋蔵金をつくっているかも!?

片づけができない人の
ズボンやジャケットの
中から、よくお金が
出てくる
小銭や数千円の
レベルならまだしも
万札でごっそり見つかる。
それは開かずの引出しや
○ッチな本の間から！
万札だ

かき集めると
海外旅行に行けそうな
ほどの大金に
これまでの最高額は
50万円

Part 2

30日間片づけプログラム

片づけの視点を知ったら、早速モノを整理していきましょう!
「1日ひとつ捨てる」というテーマのもと、
具体的なモノにフォーカスして捨てる基準を紹介していきます。

Day 1

何回着られるか計算してから服の全体量を決める

365日の中で着る機会を考えると見えてくる

「あ〜！ あのTシャツどこだっけ？」急いでる時に限って見つからないもの。たいていの人は自分が思っている量の3倍くらいも洋服を持っています。把握できなくなるのも無理はありません。

ひとりの人が何枚持つべきか？　ひとつはっきりしていることは1年が365日ということ。その中で何回着るでしょうか？　例えば、Tシャツを30枚持ってるなら、毎日着て1ヵ月に1回、ひと夏3回くらい。しかも毎日Tシャツなわけではないし……。となるとせいぜい10〜20枚で足りるはず。適正量は着る機会を考えると必然的に見えてくるものです。

Check!

- ☑ 自分が思っている3倍も服を持っている
- ☑ どんなに服を持っていても1年は365日しかない
- ☑ 服の適正量は着る機会を考えて決める

Day 2

カジュアル服は3年着たらもう十分

カジュアル服は「消耗品」と割り切る

カジュアルウェアは消耗品。サイクルは2〜3年。喪服や礼服などの一生物とは区別しましょう。なぜなら、洋服は年齢や体型、それからライフスタイルによっても、相応しいものが変化します。それに、流行だって変わるもの。新しいデザインがあなたを待っています。

2〜3年と決めれば、その分、一生懸命着るでしょう。使い切らないままタンスの肥やしになる方がよほどもったいないと思いませんか？　着倒したら、新旧交代。その時は思いっきり流行を楽しんでもいいのです。

Check!

☑ カジュアルウェアは
2〜3年の消耗品

☑ 一生懸命着倒して
次を買ったら新旧交代

☑ 2〜3年サイクルなら
流行を楽しんじゃえ！

Day 3

ハンガーポールに服を掛けるなら8割まで

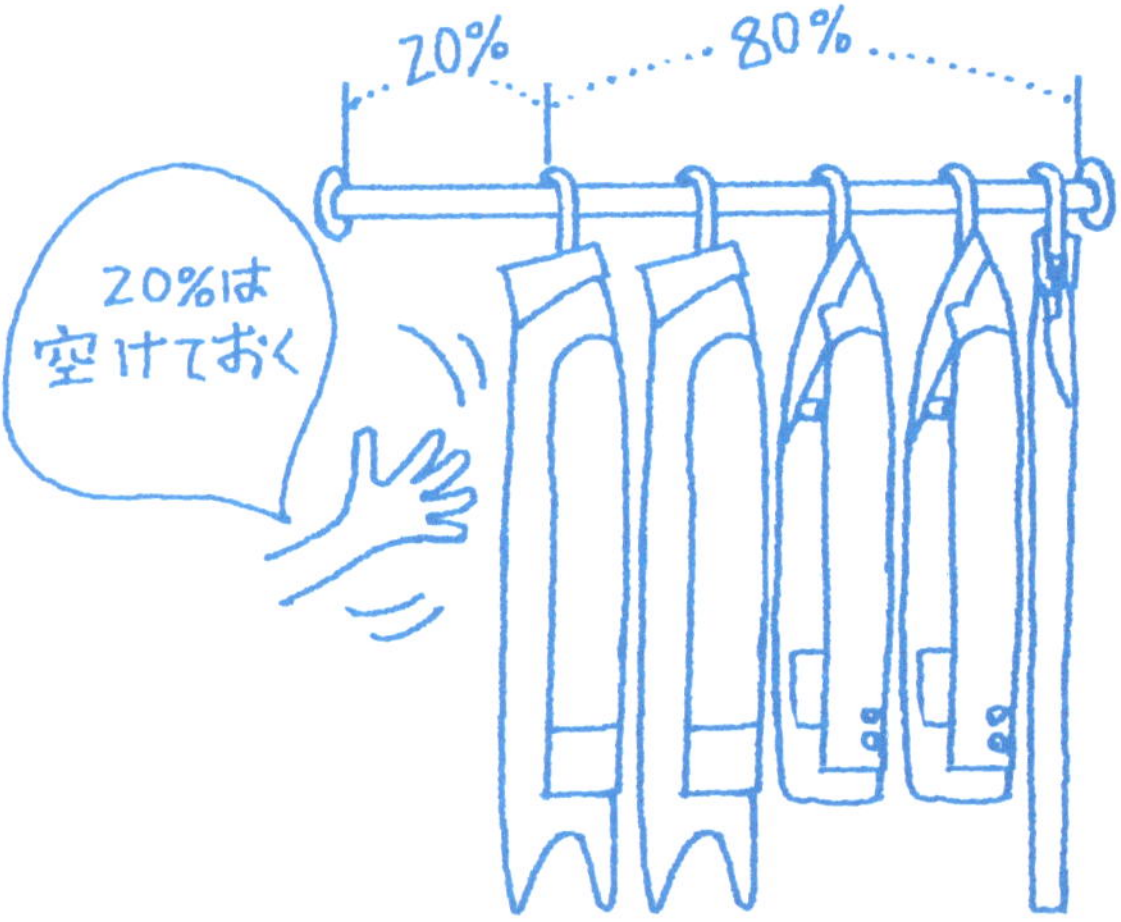

メリットを最大限に活かさないと

ハンガーポールはとっても便利。シャッと洋服を左右に動かして、お気に入りを探すのがラクチン。吊るしてあるからシワにもならなくて、着ようと思ったときにすぐキレイな状態で取り出せます。

でも、せっかくのメリットを台無しにしている人がいます。そう、ギュウギュウに詰め込んでる人。こうなるとお目当ての洋服を探すのにひと苦労。押しくらまんじゅうで変なシワがついていたり、引っ張り出すときにグチャグチャになったり。湿気もたまりやすいのでカビの原因にもなります。収納は80％までにして20％のすきまをつくりましょう。

Check!

- ☑ ギュウギュウ詰めはNG！
- ☑ 収納は80%まで20%のすきまを
- ☑ メリット最大限でシャッシャッと服選び！

Day 4

ゴムがのびた下着はお役御免

気づいたときに思い切って処分

タンスのなかでいつの間にか増殖しているゴムののびた下着。徐々にのびていくので、知らないうちに進んでいて、気がついたら、あれも、これも。人目にふれないからいいやなんて思っても、ヘタった下着って、なんだか気分が締まらないし、どう考えてもみすぼらしい。

ゴムがのびたり、レースがほつれたりしたらもう処分。ブラの寿命も半年〜1年。「次を買いそろえてから」なんて、悠長なことを言っていると、いつまでも入れ替わらないから、気づいたときが捨てどき。思い切ってしまえば、必要に迫られて、次を買いに行くでしょう。

Check!

- ☑ ヘタった下着は
気分が締まらない
- ☑ ゴムがのびたり
レースがほつれたら処分
- ☑ 気づいたときが捨てどき

Day 5

かかとのすり減り つま先の色はげは 捨てるサイン

愛着がある靴との別れを見きわめるには

どんなにいいお洋服を着ても、靴がみすぼらしいとイメージダウン。靴に気をつかっている人は、全身がオシャレに見えますね。足の健康にも影響が出るので、靴はちゃんとしたモノを履きたいものです。

靴の捨てどきのサインはかかとのすり減り、そして、つま先の色はげ。なかなか捨てられないのはわかります。履きやすくてデザインも気に入ってるモノって、すぐには出会えないし愛着がありますからね。でも、愛用品こそしっかりと別れを見きわめてあげましょう。どうしても捨てられないのなら、修理や手入れして、きちんと履いてあげましょう。

Check!

- ☑ 捨てどきのサインその①
かかとのすり減り
- ☑ 捨てどきのサインその②
つま先の色はげ
- ☑ 捨てられないなら
修理や手入れをしてもっと履く

Day 6

ビニール傘のストックは2本まで

玄関の傘立てをスッキリと

傘は1人1本しか使いません。なのに、傘立てがあふれかえる人がいます。しかも、そのほとんどがビニール傘です。

なぜ、ビニール傘は溜まりやすいのでしょうか？いちばん多いINの理由は、思いがけず雨に降られて買ってしまうことでしょう。

傘の適正本数は家族の人数＋2本としましょう。まず、家族それぞれ1本ずつスタメンのいい傘をそろえます。それプラス、ベンチ要員のビニール傘を2本。これらは、必要になったお客様に差し上げる。また、スタメンを失くしたときや、スタメンを持っていきたくないときに使います。

Check!

- ☑ スタメンの傘は家族の人数分だけ
- ☑ ベンチ要員のビニール傘は2本
- ☑ ベンチ要員は必要になった人にあげてしまう

Day 7

使い心地の悪いゴワゴワタオルはぞうきんに

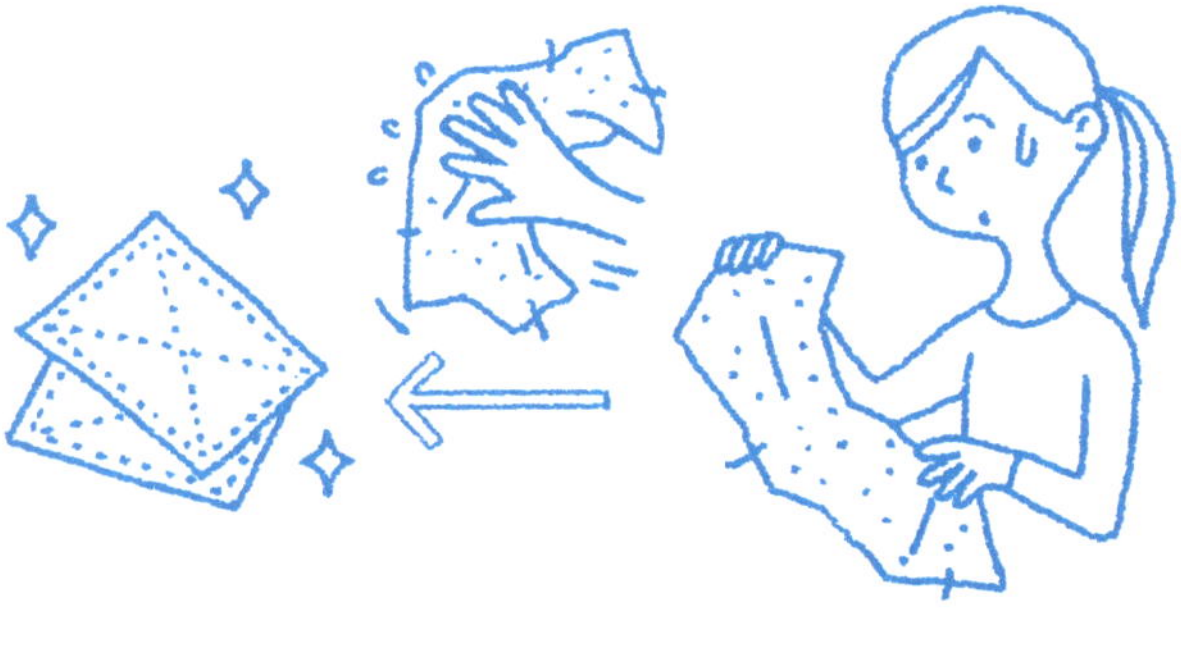

知らず知らず増えるタオルを整理

タオルも知らず知らずに増えているアイテムのひとつ。贈答でもらう機会も多くてストックばかり増えてしまいます。

顔を拭いたときにゴワついたら、さっさとぞうきんに。「そのうちぞうきんに縫い直そう」なんて思っててもダメ。そのままでもいいから、思い切りよく。贈答でもらった高級タオルも乾きが遅くて意外と使い勝手が悪かったり。こういうモノは、お客様用に2〜3枚あれば十分。他は思い切って処分。普段使うタオルは薄手で、吸水性が高くて、洗ってもすぐに乾くものがベスト。これらを基準に整理してみましょう。

Check!

- ☑ ゴワついたら
すぐぞうきんに
- ☑ 高級タオルは
お客様用に2〜3枚
- ☑ 普段づかいは
使いやすさ重視

Day 8

化粧品サンプルは洗面台に出してすぐ使う

なるべく早く使ってしまうのが賢明

コスメのキャンペーンで配ってる化粧品サンプル。何となくもらってしまいますが、使い切っていますか？

旅行で使うからと、とっておく人もいます。でも実際、旅行で使っている人はごくまれ。たぶん、何年も眠っているのがほとんどでは？

もらったら、洗面台に出しておいて、すぐに使ってしまうのが賢明。無料配布用だから包装は簡易なモノが多く、肌に直接つけるものだから、なるべく早く使い切ってしまうのが安心。どんなにもっても1年でしょう。使わないなら、もらわないことを心がけて。

Check!

- ☑ もらったら洗面台に出して
すぐ使えるようにしておく
- ☑ その日〜1週間以内に
使ってしまう
- ☑ 使わないなら
もらわないよう心がける

Day 9

1年以上使わない食器はこの先も使うことはない

割れていなくても思い切って処分

　引き出物の食器が箱のまま食器棚に眠っていませんか？　思いのほかかさばってスペースを占領してしまいます。

　「いつかお客様が来たときに」と思っていても、結局使わないということがほとんど。本当にお客様用は必要ですか？　来るとしたら、一度に最高何人来ると思いますか？　上等なモノだからお客様用と考えているのならそれは間違い。いい器こそ普段の生活の中でちゃんと使ってあげましょう。箱に入ったまま1年以上使わなかった食器は一生使いません。箱のままなら売りやすいし、思い切って処分しましょう。

Check!

- ☑ お客様用は本当に必要？
- ☑ いい器こそちゃんと使ってあげて
- ☑ 「箱のまま1年以上」は思い切って処分

Day
10

コンビニやスーパーでは割箸、ストロー、スプーンをもらわない

無料でもらえるものは溜まっていく一方

コンビニでお弁当、牛乳、プリンなどを買うと必ずと言っていいほど割箸やストロー、スプーンなどがついてきます。捨ててしまうのはもったいないような気もしますが、とっておく価値はあるでしょうか？

使う機会があるかどうか考えてみましょう。次にお弁当を買うとき？　そもそも家には箸があるからいりません。では来客用？　でも「ごめん、コンビニので」なんて言って出すのも何だか失礼。そう考えると機会はあまりないかも。来客用の割箸やストローは100円ショップなどでキレイなモノを買いそろえて、コンビニではもらわない方がかしこいですね。

Check!

- ☑ 来客用にすることがあるかどうか考えてみる
- ☑ お客様用にはキレイな割箸を買いそろえておいた方がいい
- ☑ コンビニでは必要なとき以外もらわないようにする

Day 11

冷蔵庫の食材は1週間で使い切るルールに

冷蔵庫の中は見渡せる状態がベスト

冷蔵庫の中、ジャングルみたいになっていませんか？　食材があれやこれや散乱して、何がどこにあるのやら……。

冷蔵庫の中は、見渡せる状態がベスト。棚ごとに置くモノを決めてスッキリ整頓しましょう。ここは定番品、ここは数日中に食べるモノ、ビン詰めは全部扉のポケットに、という具合。何がどこに入ってるか一目瞭然になれば、冷蔵庫の中を把握しやすくなり、買い過ぎや買い忘れもなくなります。そして、メインのIN（買い物）は週1回にして、次の買い物までの1週間で使い切る量を買うようにします。

Check!

- ☑ 棚ごとに置くモノを決めて整頓
- ☑ 冷蔵庫の中を把握しやすい置き方に
- ☑ メインの買い物は週1回のみ

Day 12

タッパーは小サイズのみ残して他はすべて処分

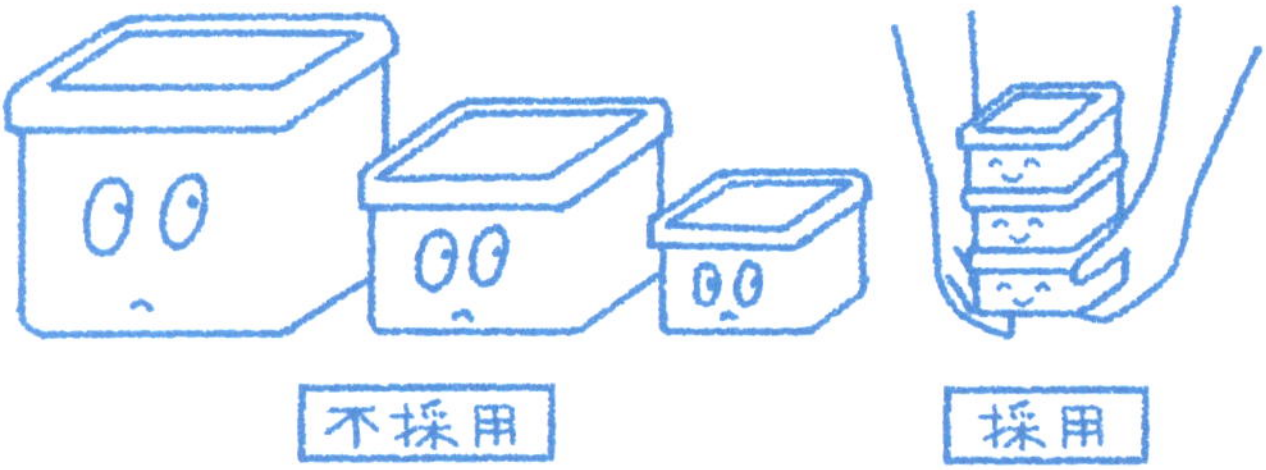

保存容器は「小」が「大」を兼ねる

常備菜をたくさんつくったとき、保存容器は何を使いますか？　大きめタッパー？　それはちょっと待った！　保存は、小さめタッパーにいくつかに小分けするのがおすすめです。というのは、中身が残りわずかになっても、大きめタッパーは、いつまでもスペースを占領します。小さめなら、中身が空いたものから片づけられるし、そもそも、スペースに合わせて入れやすく、衛生的でもあります。保存容器は「小」が「大」を兼ねる。中身が決まっているとき、例えばバター200ｇなんていう場合は、丸ごと入るサイズを用意しておけばいいですね。

Check!

- ☑ 小さめタッパーに小分けがかしこい保存
- ☑ 中身が空いたものから片づければ省スペースに
- ☑ 中身が決まっていれば丸ごと入るサイズを用意

Day 13

溜まっていく冷凍食品&レトルトには定期的に「食べる日」を設ける

せっかくだから消費期限前に食べちゃう

パスタソースやカレー、牛丼のもと、あるいは、ピラフやグラタンなど、特売なんかで見かけると、ついつい買ってしまうのが冷凍食品＆レトルト。いざというとき便利だけれど、食べないままになって、けっこうなスペースを占領することになっていませんか？

せっかく買ったんだから消費期限前に食べてしまいたいもの。これには「レトルトDAY」や「冷凍食品DAY」をつくるのがおすすめです。ちょっとアレンジしてみたり、盛り付けを工夫してみたり、むしろ、ちょっとしたイベント感覚で食べてしまえば、取り組む気分もちがいます。

Check!

- ☑ レトルトDAYや冷凍食品DAYを設ける
- ☑ 盛りつけやちょい足しでアレンジ
- ☑ イベント感覚で楽しく食べる

Day 14

洗剤や調味料に ストックは いらない

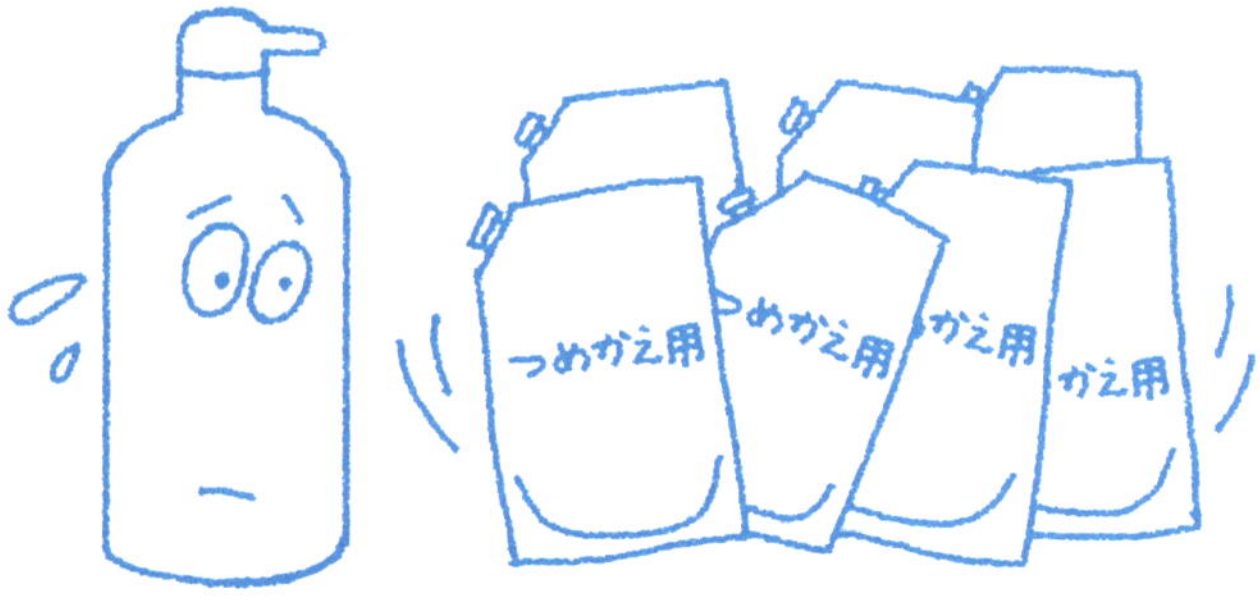

生活実用品は使うためにある

洗剤にも調味料にもストックはいりません。生活実用品は使うためにあるモノで、とっておくためのモノではありませんよね？

例えば、砂糖やしょうゆが切れたとき、本当に困るのはひと晩くらい。切れたら、翌日、買いに行けばいいのです。逆に、ひと晩でも切れたら困るモノは何か？　それだけ、ストックしておけばいいのです。それは、たいていのご家庭ではトイレットペーパーやお米くらいではないでしょうか？　「いつか使うかも」というあいまいな理由で溜まっていくモノがあれば、買う時点で慎重に考えてみましょう。

Check!

- ☑ 切れたら、翌日
  買いに行けばいい
- ☑ ストックするアイテムは
  ひと晩でも切れたら困るモノだけ
- ☑ 買うときに使うタイミングを
  慎重に考える

Day 15

ストックの紙袋は大1／中3／小3枚

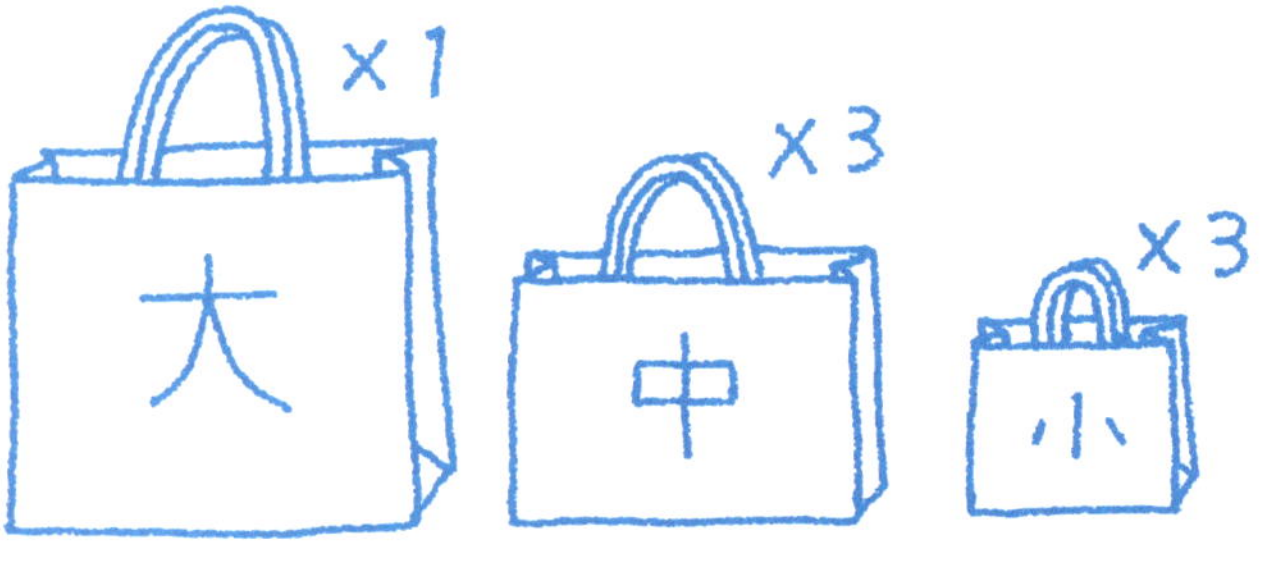

もらった紙袋を全部はとっておかない

紙袋の置き場がすごいことになっていませんか？　大小さまざまなサイズが入り乱れて、どう考えても使いきれない量がぎっちり。

もらった紙袋を全部とっておくからこんなことになってしまうのです。たしかに、必要なときはあるけど、全部は必要ないですよね？　好きなブランドや好きなデザイン、使い勝手のよさそうなモノなどを選んで、とっておくようにするといいでしょう。大・中・小合わせて10枚程度あれば十分です。それ以外は、思い切って処分しましょう。1枚使ったら1枚補充、1枚増えたら、1枚使うか捨てるルールを守りましょう。

Check!

- ☑ とっておくのは
気に入った紙袋のみ
- ☑ 大・中・小合わせて10枚程度
あれば十分
- ☑ 1枚使ったら1枚補充
1枚増えたら1枚処分

Day 16

情報収集としての本や雑誌の保管は半年まで

「しばらくとっておこう」で延々と溜めない

本や雑誌は、いつのまにか溜まっていきます。気になる特集だったからつい買ったけど「しばらくとっておこう」なんて思っていると、すぐに半年、1年と経ってしまいます。

古くなった情報に価値はありません。情報入手のためだけに買った本や雑誌は1ヵ月半〜半年くらいをめどに処分。でも、中にはタウン情報、自己啓発系など気になる特集があって捨てにくいものもあります。そういう場合は、同じ系統の特集が1年の中で何度か組まれるので、そのときに、新旧を入れ替えるようにするといいでしょう。

Check!

- ☑ 古くなった情報に価値はなし
- ☑ 情報入手の本や雑誌は1ヵ月半〜半年くらいで処分
- ☑ 同じ系統の特集が組まれたら新旧交代

Day 17

文房具は
アイテムにつき
2個まで

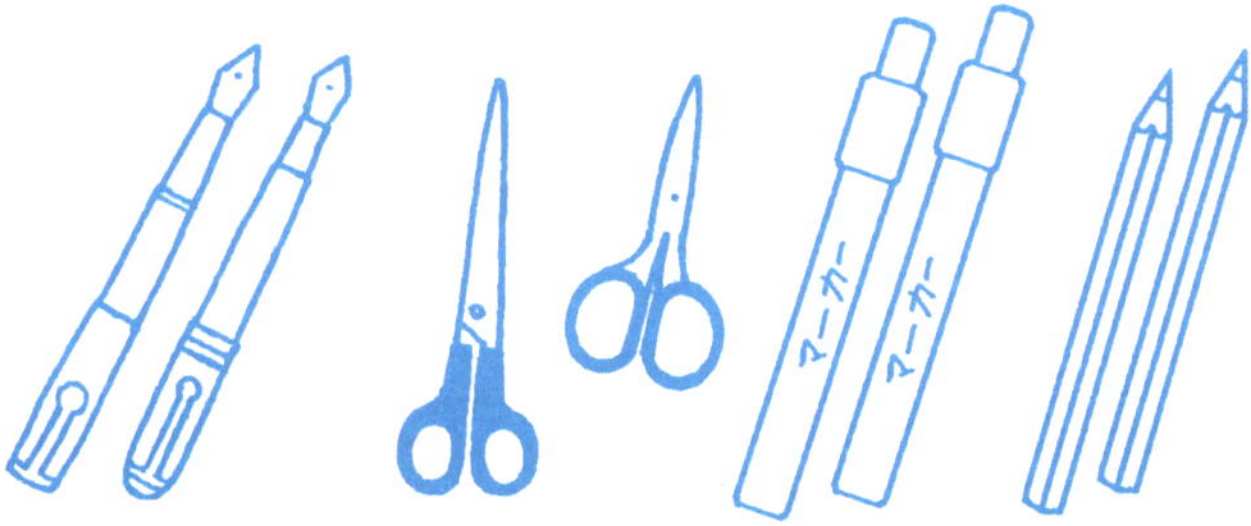

ぎちぎちの筆箱にオサラバ

ペン立てや筆箱の中身はどんな状態ですか？ 文房具でぎちぎちになっていませんか？ そんな状態ではどれが使えて、どれが使えないのかもよくわからないし、目当てのモノを探すのもひと苦労でしょう。

文房具は、1アイテムにつき2つまで。どうせ、いつも使うのは、書き心地のいいお気に入りのモノだけです。ペン、はさみ、定規、のり、消しゴム、どれでも1アイテムにつき2つ以内。そうすれば、目的のモノをすぐに探せるし、乾いて書けなくなった場合でもすぐ気がついて、新品に交換しやすくなります。

Check!

- ☑ 1アイテムにつき2つまで
- ☑ 目的のモノをすぐに探せる状態を目指す
- ☑ 使えなくなった場合にすぐ気づいて交換できる

Day 18

おみやげやもらい物は、お礼がすんだらあげるor売る

モノ自体に重要な価値があるわけではない

おみやげやもらい物って処分しにくいですよね。何となく、いただいた相手に悪いような気がしてしまいます。

そんな時は、こう考えましょう。「モノ自体に、重要な価値があるわけではない」「大切なのは、いただいた相手に感謝する気持ちだ」と。いただいて、お礼をした時点で、モノとしての役目は果たされています。ですから、お礼をした後、「自分で使わないな」と思ったモノは、処分してもかまいません。そして、感謝の気持ちを忘れないことが大切なので、もらい物一覧ノートをつけたりしてもいいでしょう。

Check!

- ☑ お礼をした時点で
モノとしての役目は果たしている
- ☑ 自分で使わなければ
あげる、売るなどしてよし
- ☑ 感謝の気持ちを
忘れないことが大切

Day 19

メッセージカードや年賀状は返事を書いたら処分

年賀状を何年も取っておく必要はなし

年賀状やメッセージカードも処分しにくいもの。送ってくれた先輩や友人、家族の顔が浮かびます。しかし、年賀状のほとんどは、単なるお付き合い上のものだったりします。儀礼的な年賀状を何年も取っておく必要はありません。それが書類棚をデーンと占領しているのであれば、なおさらもったいない話です。

手紙類は保管するよりも、返事を出すことの方が大切。返事をして、住所録を更新したら、思い切って処分。持っていることで幸せな気分になれるモノのみ、まとめて残しておきましょう。

Check!

- ☑ 保管するよりも
  返事を出すことの方が大切
- ☑ 返事&住所録の更新をして
  後は思い切って処分
- ☑ 特別なモノだけ
  まとめて残しておく

Day 20

カメラやビデオ機器の付属品はクリアパックに

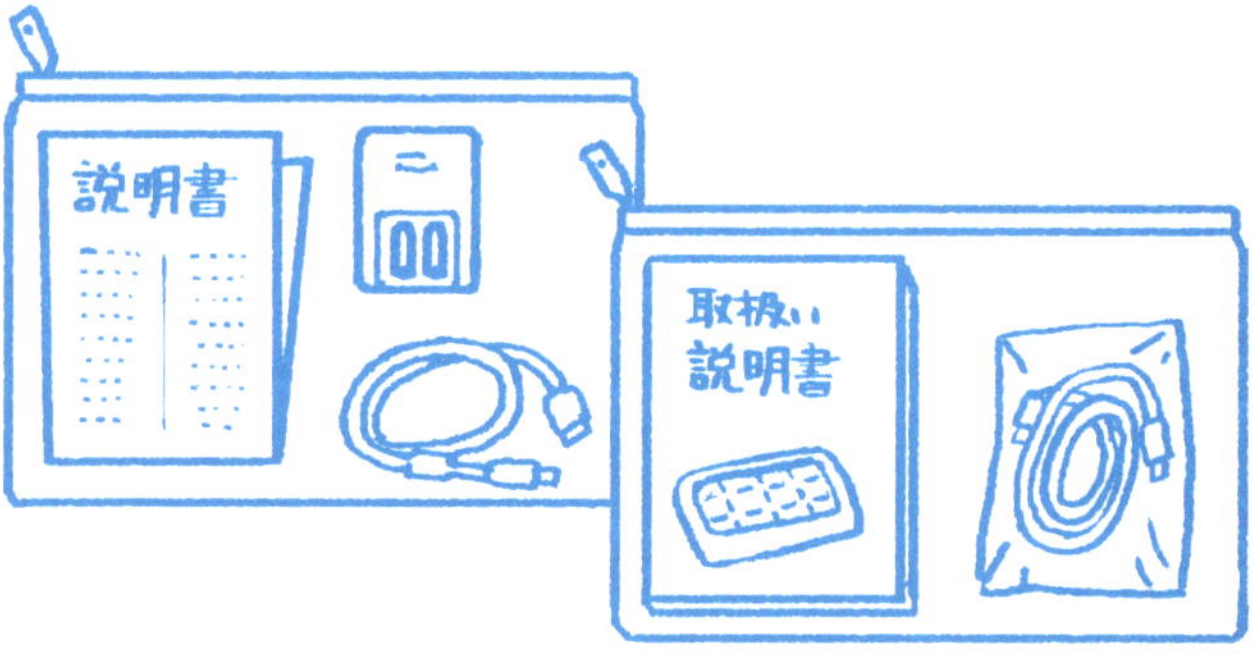

どの機器のモノか一目瞭然にする

デジカメやパソコンなどの付属品は、とっておくと、どれがどれなのかわからなくなって、本体はとっくの昔に捨てたのにケーブルだけが残ってしまうという事態に陥りがちです。

付属品は、機器ごとにまとめてジッパーつきのクリアパックに収納するのがおすすめ。マジックで、どの機器のモノか書いておけば一目瞭然です。ケーブル同士が絡み合うこともなく、スッキリと片づきます。また、カメラに付属しているUSBケーブルなどは、どの機種でも共通して使えることが多く、ひとつに選定してしまうのも手。

Check!

- ☑ 付属品は機器ごとにまとめて収納
- ☑ ジッパー付のクリアパックに入れるのがおすすめ
- ☑ マジックでどの機器のモノか書いておく

Day 21

趣味のアイテムに特定の保管コーナーをつくる

自分だけの自由にできる場所があると安心

小さな家でも家族それぞれ自分専用スペースを持つことは大事。棚１段でも、ボックスひとつでもOK。人に侵されない自分だけの場所があると安心し、そこで管理するモノに愛着も出て大切にしようと思えます。

パートナーはそこを勝手に片づけたりしてはいけません。でも増えすぎてしまい、どうしても減らしてほしいなら、まずはどこに思い入れがあるのか理解してあげましょう。「そんなにレア物なんだ！」それから、「でも、もう置いてあげる場所がないでしょ？」と。愛情を注いでいるモノこそ、管理が行き届く範囲におさめることも大切です。

Check!

- ☑ 自分専用のスペースを持つ
- ☑ どこに思い入れがあるのか分析して捨てられる部分を探す
- ☑ 趣味のアイテムは管理できる範囲にして愛情を注いであげる

Day 22

書類はすぐ開封し ジャンルごとの 定位置に

行き先をつくって“置きっぱなし”を防止

紙は強敵。「ちりも積もれば山となる」と言うように、後まわしにしているとすぐに肥大化します。だから、郵便受けの中身は手にしたときに要・不要にすぐに分け、不要ならばその場でゴミ箱へ。その時間もとれない場合はあえて見ないふりをして、翌朝に着手しましょう。

要保管の書類はジャンルごとに場所を決め、行き先をつくることが大事。DMやハガキは手帳にはさんで時間ができたらすぐに見られるように。通常の書類はケースに入れて棚へ、頻繁に見るものは書類ケースに入れオープン棚、取扱説明書はジャバラファイルに。定位置があればおきっぱなしもなくなります。

Check!

- ☑ 紙は強敵と心得る
- ☑ 手にした時に、要・不要を分け
絶対必要な書類はまとめる
- ☑ ジャンルごとに保管場所を決め
行き先をつくってあげる

Day
23

使い終わった
通帳や請求書に
役目はなし

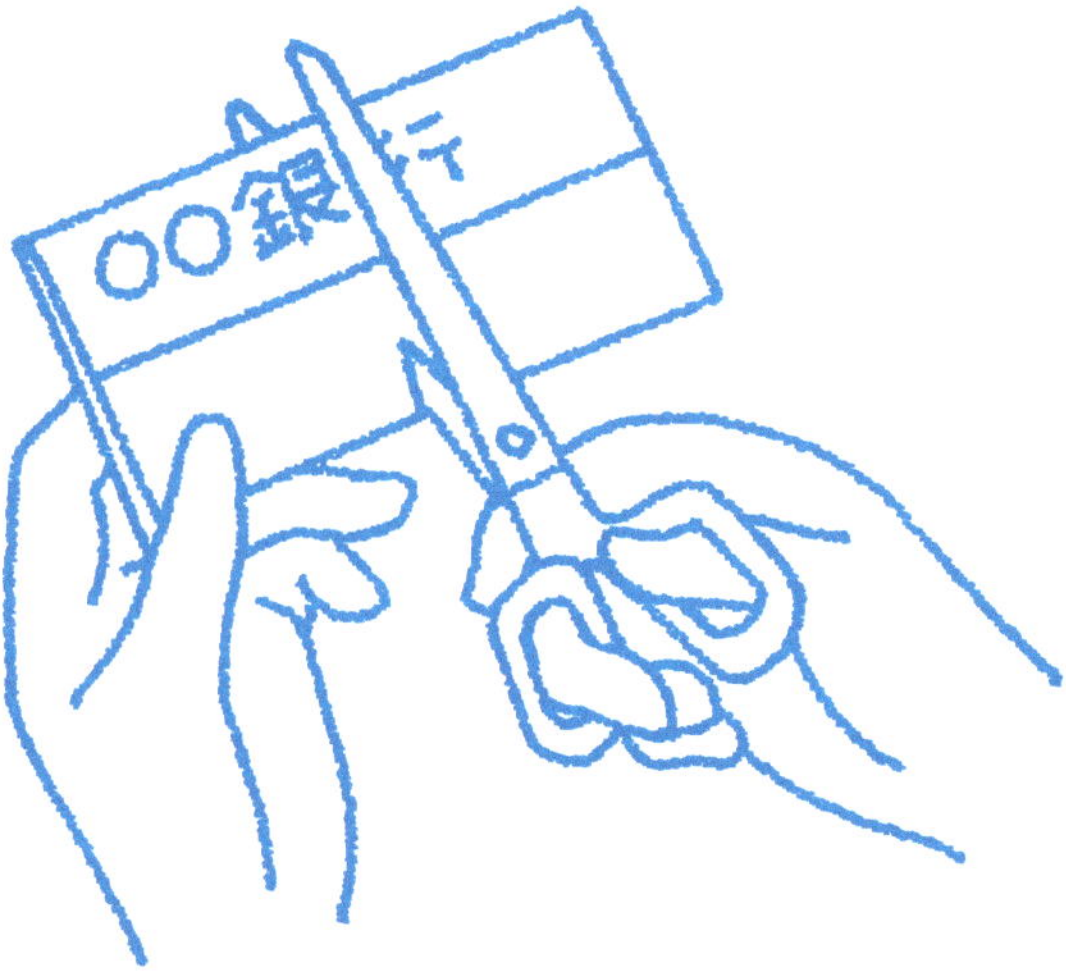

昨年、一昨年の通帳が活躍する場はない

何年も前の通帳を何冊も保管している人がいます。でも昨年、一昨年、それ以前の通帳が活躍する場面なんてありません。

通帳が活躍するのは、予定通りの額が振り込まれているか、何にどれだけ引き落とされているかの確認するときだけです。後は用なし。昔のお金の流れはどうでもいいのです。個人情報をしっかり処理してから、処分してしまいましょう。請求書や光熱費、カードの明細書も2ヵ月を過ぎたら捨ててOK。特に、明細書は、請求書通りの金額が引き落とされているのが確認できたら、後は必要ありません。

Check!

- ☑ 昔のお金の流れはどうでもいい
- ☑ 個人情報を処理してから処分する
- ☑ 電気・ガスの請求書や明細書も2ヵ月過ぎたら捨ててOK

Day 24

大切な思い出は思い出ボックスに入る分だけ

管理しきれないモノは、大切なモノから残すこと

思い出は大切です。「なんでもかんでも合理的に処分！」なんて言っていたらつまらない生活になってしまいます。でも、思い出の品も際限なくとっていては、片づけの大敵に。ルールを決めて、管理しきれないモノはいさぎよく処分し、思い出だけ心に留めましょう。

というわけで、思い出ボックスを1人にひとつだけつくるのがおすすめ。ここに入る量に限定するのです。箱からあふれたら、一度全部出して「今の自分に大切な思い出」の順にひとつずつ戻します。入りきらなかったモノは「ありがとう」と共に「さよなら」を告げましょう。

Check!

- ☑ 思い出ボックスをひとつだけつくる
- ☑ 箱からあふれたら「今の自分に大切な思い出」順に取捨選択
- ☑ 入りきらなかったモノたちには「さよなら」を告げる

Day 25

CD・DVDは
ケースから処分
すべし

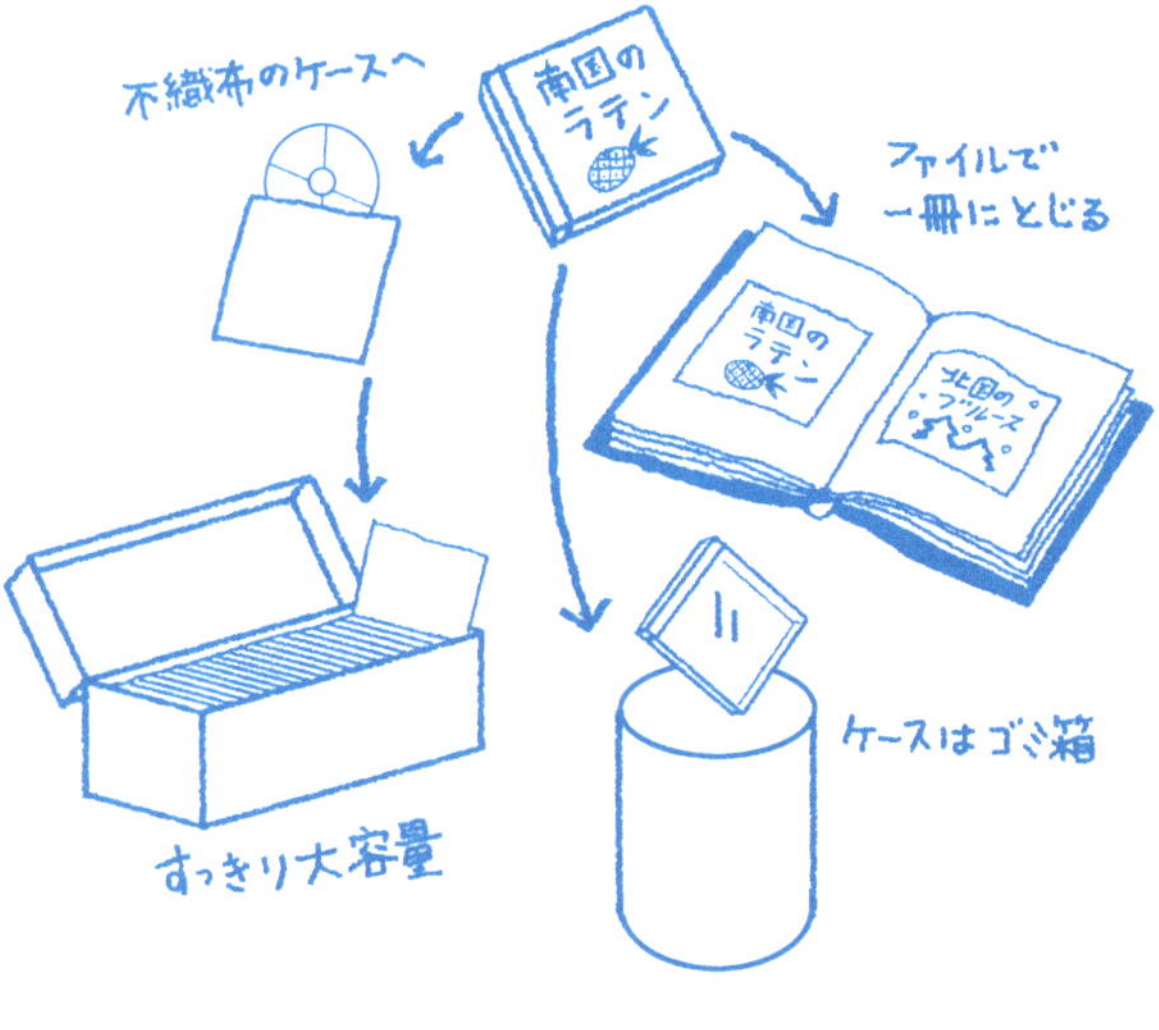

聴かないモノ、観ないモノの手の打ち方

CDやDVDも、処分しない限りは永遠に増えていくもの。中には、ほとんど聴かないモノ、観ないモノもあります。どこかで手を打たないといけません。もう聴かないかな、観ないかなと思うなら、まず第1段階、かさを減らすためケースを捨ててみましょう。半年経っても手に取らなければ処分してOKかも。ディスク自体をとっておきたい作品があれば、不織布のCDケースに移し替え、空き箱や引出しの中に立てて収納するのがおすすめ。売っちゃうという人もいるでしょう。その場合は、ここまではケースをとっておいて、ここで処分の判断を。

Check!

- ☑ かさを減らすため
まずケースは捨てる
- ☑ 半年聴かなかったら
処分を考えてみる
- ☑ 不織布のCDケースに移し
ボックスなどに立てて収納

Day 26

写真はベストショット以外すべて削除

似たような写真はメモリーのムダづかい

「デジカメ／撮ったら／すぐ削除」と覚えましょう。もちろん、全部捨てるわけではありません。ベストショット以外は捨ててしまうということです。これを習慣にするとスマホのメモリーやパソコンのピクチャフォルダがスッキリします。

考えてみてください、似たような場面やポーズを何枚も何枚も撮っていませんか？　これからは、撮ったらすぐ再生して、ベストショット以外は削除。パソコンに取り込むときにも消して、いい写真だけを残します。ベストショットはまとめてプリントして、アルバムをつくることで管理ぐせをつけましょう。

Check!

☑ 撮ったらすぐ再生して
ベストショット以外削除

☑ パソコンに取り込むときに
もう一度削除

☑ ベストショットばかりの
アルバムをつくる！

Day
27

家電の取扱説明書は
よく使うモノ
だけ残す

不要な取扱説明書は処分して省スペース

家電の取扱説明書もかさばるもの。パソコンやスマホなんかはやたら分厚いのが何冊もついてくるし、ドライヤーのような簡単な家電にもついてくるので、全部とっておくと大変なことになります。

処分してもかまわないモノは意外と多いはず。今どき、大抵の家電の取扱説明はメーカーのホームページで確認できます。ただし、頻繁に使うモノはいちいちネットで確認するのはめんどうなので、残しておきましょう。必要な取扱説明書はひとつにまとめてファイリングするといいでしょう。ジャンル分けしてタグを貼っておくと見やすくなります。

Check!

- ☑ 必要な取扱説明書以外は処分してしまおう
- ☑ 大抵の取扱説明はメーカーのホームページで確認できる
- ☑ 必要な取扱説明書はひとつにまとめてファイリング

Day 28

スマホのアドレス移動を手動でやる

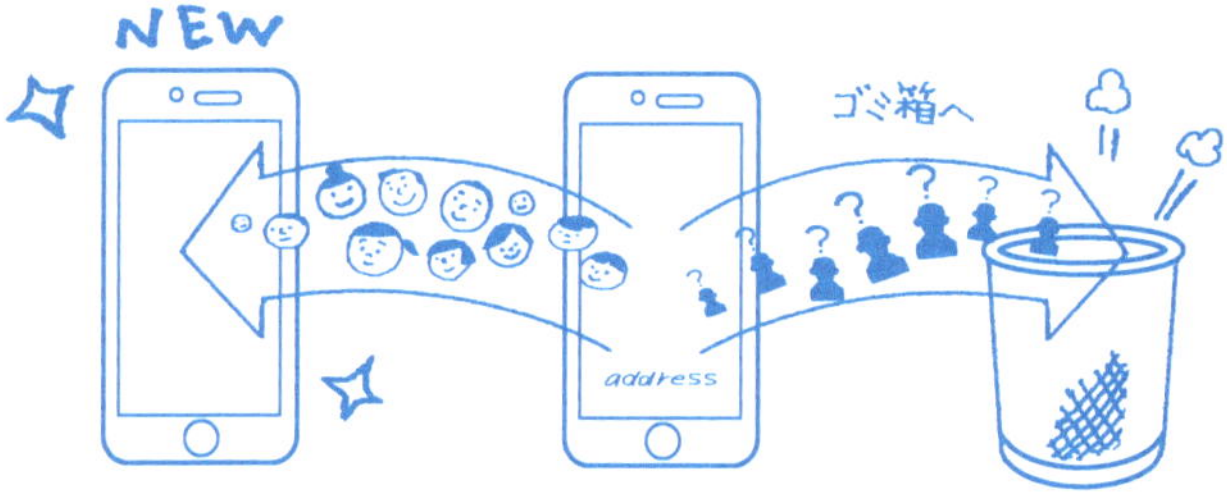

おのずと住所録の整理ができる

　スマートフォンのアドレス移動は、全部自動で移動せずに、手動でやってみてください。すると、いつの間にかリストの整理ができるのです。「誰だっけ？」と思い出せない人はあえて移しません。手動でやるのはめんどうなので、残そうかどうか迷う人は落とされやすくなります。ひと通り終わるとリストがスリム化するというわけです。

　名刺の場合は100枚入るファイルに限定しましょう。そこからあふれたらすべて見直します。「これ誰だっけ？」「もう縁がないかな」「もう名刺がなくても困らない」――こんな人たちはファイルから外してもいいかも。

Check!

- ☑ アドレス移動は
ひとつひとつ手動で選択
- ☑ 「誰だっけ？」
そんな人は移動しない
- ☑ 名刺は100枚入る
ファイルに限定

Day 29

忙しくて
洗濯できないなら
洗濯機は不要

本当に自分にとって必要なモノ？

1人暮らしの三種の神器なんて言われるアイテム類がありますね。冷蔵庫、洗濯機、電子レンジ……。とりあえず一通りそろえないといけないような気がしています。でも、本当に、全部自分にとって必要なモノですか？　忙しくて、月に2回ぐらいしか洗濯しないという人は、コインランドリーで十分かもしれません。外食しかしないなら電子レンジは不要かもしれません。不要な家電は、役に立たないまま、大きなスペースを占領しています。自分の持ち物を決める基準は自分。なくて困ってから購入しても意外と間に合います。

Check!

- ☑ 今ある家電は全部必要なモノか？
- ☑ 不要な家電はスペースのムダづかい
- ☑ なくて困ってから購入しても間に合う

Day 30

物品と交換するタイプのポイントカードは溜めない

ポイントカードをとっておく決め手は？

ポイントカードでサイフがパンパンになっていませんか？ そのほとんどは2個目のスタンプは押されずじまいだったりして。

カードをとっておく、とっておかないの基準はどこにあるでしょうか？ ポイント還元がお金ではなくてモノの場合は、再考してもいいかも。それはほしいモノですか？ とくにほしいと思ってないモノのためにカードを持ち歩くのはムダでしょう。不定期にしか行かない店や月1回行くかわからないのに有効期限が1年のカードも、ポイントが満了になる可能性はほとんどないので、思い切って捨ててしまいましょう。

Check!

- ポイント還元が物品のカードは不要
- 不定期にしか行かない店のカードは不要
- 月1回行くかわからないのに有効期限が1年のカードは不要

Column 2

片づけられない人あるある❷

監修の吉川永里子さんが、
これまで片づけてきたお宅に共通するあるあるネタをご紹介。
あなたにも当てはまるかも?

本革やシルク、ウール、綿は虫さんの大好物

衣類や革製品は高級品ほどおいしい

冠婚葬祭用、もしくは勝負服としての高級なスーツやシャツ、ワンピースなどを「高級だから大事に使おう」と長くしまっていませんか?　使おうと出したときには、カビや虫食いで変わり果てた姿に。本革やシルク、ウール、綿100%といった良質なものは虫にとってもおいしいごはんなのです。高いものは良い状態のうちに着てあげることが服にとっても一番の幸せです。

メモ

メモ

Part 3

脱・リバウンドのための モノの循環

残したモノを放置するのは、また元の状態にリバウンドする原因に。
まずは、残したモノの保管方法や場所を決めます。
そのうえで、使ったら戻す、買ったら捨てるといった循環をしていきましょう。

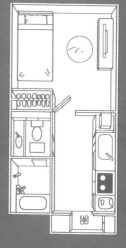

循環するということ

片づけにおける「循環」とは、どういうことを意味するのでしょうか？

一般的な意味では「ひとめぐりする」「元に戻る」といった意味があります。

近年、世界が直面する環境問題の議論の中では、限りある資源を持続可能な形で使っていく社会を「循環型社会」と言ったりします。

片づけにおいては、「循環する」ということを２つの観点から捉えることができます。

１つ目は、使ったモノを元に戻すこと。定位置の決まっているモノたちを、何かの用事で使い、それがすんだら、定位置に戻すことです。

２つ目は、モノがひとつ増えたら、ひとつ減らすこと。何かを購入してひとつＩＮするときは、同じジャンルのモノをひとつＯＵＴすることです。

どちらも、使うたび、増えるたび、そのタイミングで行うことがポイント。その都度すませれば、片づいた状態をキープすることができます。

全体と部分のIN&OUT

家の中をスッキリ整理した後は、その状態を維持するために
循環し続けることが大切です。

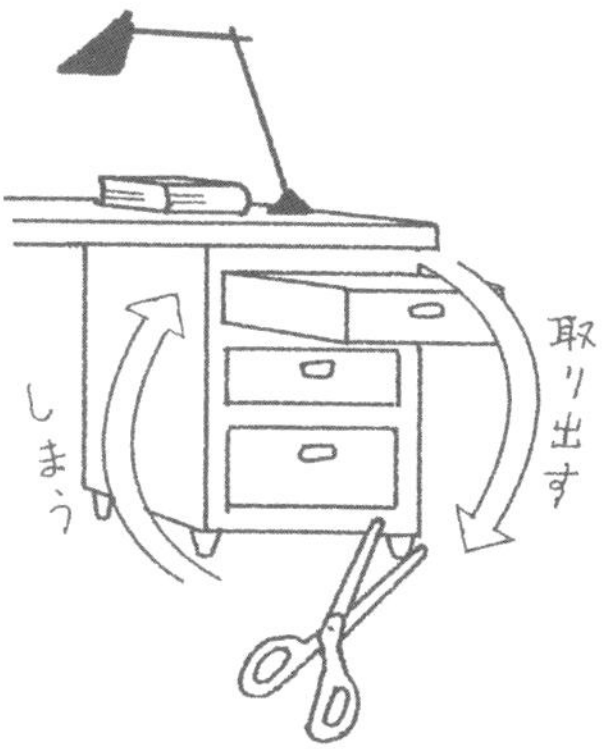

部分のIN&OUT

使ったら元の場所に戻す

モノの置き場所を決め、使ったら元あった場所に戻すのが部分的な循環。これをおこたって、出しっぱなしにしたり、保管場所をころころと変えたりするのは、また散らかった状態にリバウンドしてしまう原因に。

全体のIN&OUT

ひとつ増やしたらひとつ減らす

家の中に何か新しいモノを増やしたいならば、既存のモノをひとつ減らす。これをすることで、モノが溜まっていくのを防ぐ。減らすときには、増えたモノと同じジャンルのアイテムから選んで捨てるなり売るなりする。

掃除と整頓は整理してからの話

「部屋の片づけって大変！」片づけが苦手な人ほど、片づけを大仕事だと思っていて、1日がかりで取り組むものという認識でいます。そんな皆さんは知らない間に、いろんな作業を一気にやろう、やらなければいけない、と思っているのです。

　例えば、一緒にやりがちな「片づけ」と「掃除」は別の作業。片づけは散らかったモノを選別してあるべき位置に戻す、掃除はほこりや汚れを取り除く作業です。もっと言うと、片づけも「整理」「収納」「循環（整頓）」といろんな作業があります。その作業を一気にやるのはむしろ逆効果。大変な作業になるし、手順を間違えると二度手間になってリバウンドの原因になります。

　今日は整理して捨てるまで、今日は収納、今日は循環、それぞれの性質に合わせたタイミングで行えば、作業はグーンとラクになり、負担も小さくなります。

整理した後のアクション

「整理して捨てる」のがすんだ後、モノが少ないからといって
置きっぱなしにするのは本末転倒です。
掃除と保管場所を決めましょう。

空いた場所をキレイにお掃除

モノの整理をするとき、一緒にたくさんのホコリも出てくる。その後の収納はキレイにホコリを落としたうえで行いたい。捨て終わったことに満足せず、より居心地のよい空間づくりを目指そう。

残したモノの置き場所を決める

残すモノを決め、不要なモノを捨てたら、だいぶ部屋の中がスッキリする。だからといってここで手を止めてはだめ。残したモノは、どこへどのようにしまうのがいいのか、日々の動線を踏まえたうえで決めていこう。

買いグセのある人はとりあえず“買わない心がけ”を

「シャンプーのストックってあったかな?」「マヨネーズは残ってるかな?」「いいや、買っちゃえ」。こんなふうに「とりあえず買い」をしちゃう人がけっこう多くいます。これによってモノが増えて、死蔵品ができ、片づかない原因になります。

結論を言うと、とりあえず買いをしてしまう人は、とりあえず買わない心がけをしてください。

在庫がないと不安↓在庫があったかどうか定かじゃない↓じゃあとりあえず買っておこう。とりあえず買いの典型的なパターンです。モノが増える原因になるし、そもそも、在庫があって当たり前な生活をするので、あるか・ないかわからなくなるのです。在庫がなければ、残量に敏感になって、買い物のムダも自然と減ります。

本当に忙しくて買い物に行けない人も心配ありません。今は、朝にネットで注文すれば、夜に届くモノもある便利な時代。迷ったときのとりあえず買いは、「とりあえず止める習慣」をつけましょう。

ストックを買い込みすぎていませんか？

在庫があるかないかわからないなら、
ひとまず買わないルールにしてしまいましょう。

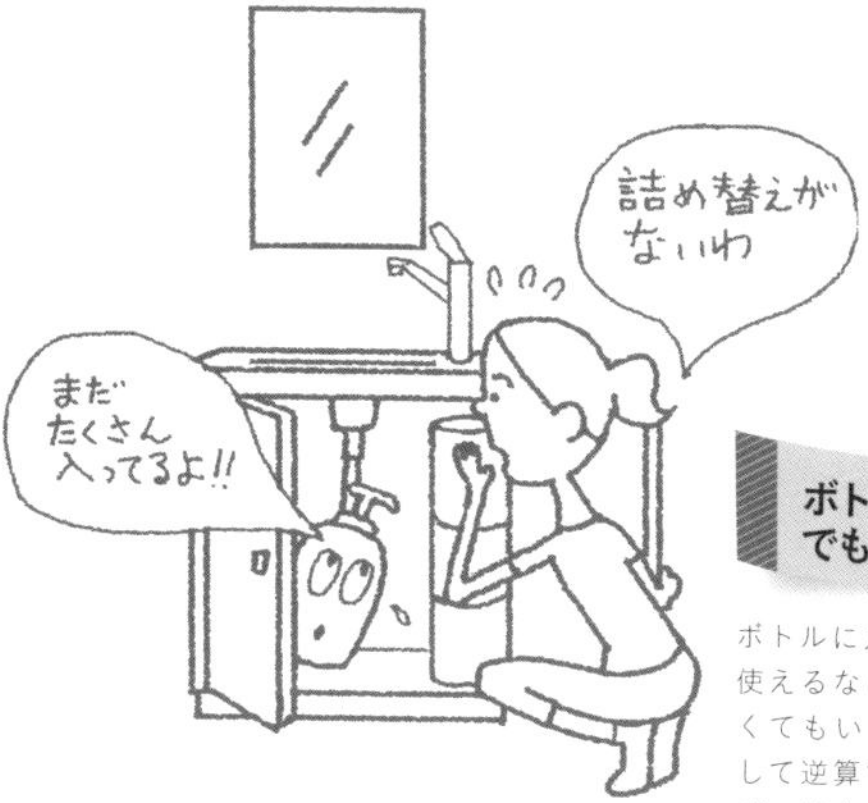

ボトルの中身はたっぷりでもストックがない

ボトルに入っている分でまだ十分使えるなら、焦ってストックしなくてもいい。1日に使う量を把握して逆算することで、買わなければいけない日がわかるはず。不安だからと何でも買い込むのは自己管理ができていない証拠。

必要なときに買えなければネットで注文

ぎりぎりまで買うのをガマンして「今日こそ買わなければ！」というのに忙しくて買いに行けないことも。そんなときはネットで昼に注文すれば夜には届く時代。こうしたツールを有効活用してモノを置かない心がけを。

買いたくなる心のメカニズムを解析する

思い出してみてください、あなたは、どんなときに買い物をしたくなりますか？

誕生日や記念日など、特別な日はもちろんでしょう。その他には？ 例えば、大きな仕事が終わったとき。仕事で失敗してむしゃくしゃしたとき。給料日、セールのとき、へこんだとき、いいことがあったときなどでしょうか？

では、買い物のどんなところが好きですか？

いろいろな商品を見て生活の中で使っているところをあれこれ想像するのが好き。店員とコミュニケーションをとるのが好き。お金を支払うこと自体がストレス解消になる。真新しいモノがわが家に仲間入りする瞬間が好き。

どれも悪いことではありません。買い物は、暮らしの豊かさをカタチにしてくれるもの。ただ、そのパターンを自分で理解しておくことは、ＩＮのコントロールに役立ちます。自分の買いたくなる心のメカニズムを知っておきましょう。

3大！ 買いたくなるシーン

あなたが買いたくなるときはどれですか？
知っておくことで、気持ちを冷静にコントロールできるかもしれません。

1. セールの日

買う予定はなかったのに「SALE」の文字を見てしまうと、ついつい購買意欲がそそられてしまうもの。買ったあとの使える頻度や代わりにOUTできるモノがあるのかなどを冷静に考えよう。

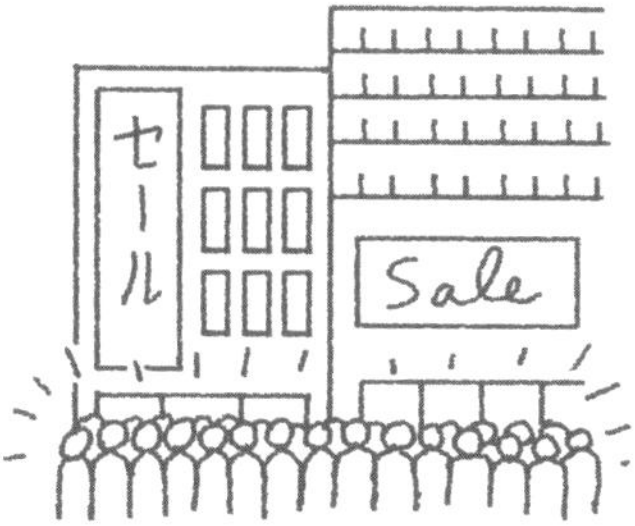

2. 給料日

「今月も頑張ったから」とつい大きな買い物をしてしまいがちです。しかもすでに持っているモノに似ていることもしょっちゅう。「分類・管理リスト」（P.26）で同じようなアイテムはないか確認して、悔いのない出費を。

3. 大仕事を終えたとき

開放感から、高い買い物をすることも。このタイプはストレスを買い物で発散している場合もあるので、小さな仕事を終えた後でも散財しがち。費用対効果があるかどうか、都度吟味していきたい。

無性にほしいときの自分に問いかけたい5つのこと

「このセーターほしい！　でもガマン、絶対ダメ！」　ほしいモノを無理矢理ガマンすることはありません。また、お気に入りの品なのに、苦しい思いをしてまで無理に手ばなす必要もありません。

私たちは、暮らしを豊かで楽しいものにしようとして、一生懸命働き、お金を稼いで、日々を営んでいるのです。買い物だって、そのために必要なこと。変なガマンは、逆にストレスになって、自分の中に溜まってしまいます。それは、いつか爆発して自分に跳ね返って来るかもしれません。

でも、際限なく買ってしまえば、片づかない原因になって、生活の質を下げることがあるのも確か。要は、自分で納得して、買う・買わないを決めていけることが大切なのです。納得したことであれば、受け入れられます。

そのために役立つ5つの問いがあります。次に紹介しますので、ほしい気持ちと向き合うとき、自分に問いかけてみましょう。

ほしい気持ちを落ち着ける5つの問い

商品を前に、あなたはどんな視点で購入を決めますか？
次に迷うときがきたら下の5つの質問を自分に投げかけてみましょう。

問いかけ1
どうしてほしいの？

・かっこいいから
・流行っているから
・仕事でも使うから
・ストックがなくなったから

問いかけ2
いつ使うの？

・普段の生活の中で
・恋人を家に呼んだとき
・趣味の時間

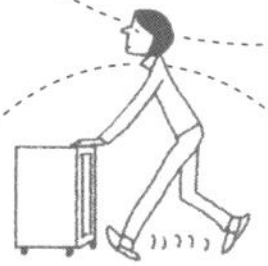

問いかけ3
同じようなモノを持っていない？

・同じ用途のモノはないか
・色や形が同じモノはないか

問いかけ4
飽きずに長く使えそう？

・何年くらい使えるか
・他のモノに取って代わることはないか

問いかけ5
捨てにくくない？

・何ゴミで出せばいいのか
・回収にお金がかかるか

そのモノがある暮らしを具体的にイメージしてみる

どうしてもその商品に惹かれるとき、漠然と悩むよりもこの5つの質問を順に考えてみよう。既存のアイテムと被る場合は、古い方をOUTしなければならないことも念頭に置いておきたい。また、使用頻度もシュミレーションして有意義な買い物を。全ての問いに対して明確な答えが出せたなら買ってOK！

ラベリングで循環しやすい工夫を

つい使ったモノを出しっぱなしにしてしまうという人は少なくありません。また、家族が使ったモノを戻してくれないというお悩みもあるでしょう。みんなの協力を上手に引き出して、モノが常にあるべき場所に保たれる工夫をしましょう。ラベリングもその代表的な方法です。すべてのモノは定位置を決め、ラベルを貼って誰でもわかりやすくします。ラベル印刷のテプラやデザイン文具などの商品も活用すると、見た目もキレイでみんなが気持ちよく使えるようになります。

定位置の決め方も大切。みんなが出し入れしやすい場所がベストです。例えば、子どもも使うモノなら高い位置はＮＧ。ラベルもひらがな・カタカナで読みやすく。また、家族の行動を観察して、それをとり入れるのもひとつ。また、ついついカギや携帯をいつもテレビ台に置くなら、そこにトレーをおいて定位置をつくるなど「出しっぱなしにならないならいいや」とひとまず元に戻す習慣をつけることを優先させます。

ラベリングは表札と同じ

モノが帰る引出しはモノの家。
ラベリングはその家に表札をつけてあげること。
ラベリングで元の場所に戻しやすい工夫を。

モノが自分の家に帰るために表札を

クローゼットの中や、押し入れの中などは、引出しを分けて細々としたアイテムを収納するのに最適。ラベリングをすることでモノの紛失や場所のバラつきを防ぐことができる。自分だけでなく家族やパートナーなど同居している人が循環しやすい仕組みづくりを。

モノの置き場所は個人の暮らし向きに合わせて

家の間取りにとらわれて、収納スペースをうまく使いこなせていない人が多くいます。

ありがちな失敗が、収納を部屋ごとに限定して考えてしまうこと。「キッチンのモノはキッチンに収めなきゃダメ」と。これだとあふれたときが大変になります。いくつかの調理器具は遠くの押し入れで死蔵品になったりします。

収納はもっと柔軟に家全体で考えましょう。廊下の収納がキッチンから近ければ掃除用具より食材を置いた方がいいかもしれません。おもちゃ箱は子ども部屋よりリビングに移した方がいいかもしれません。ベランダのある部屋に洋服を収納すれば、取り込んで片づけるのがラクになるし、トイレで本を読むならトイレに本棚をつくってもいいのです。

収納は住む人の動線に合わせて考えるのが理にかなっています。そうすれば、おのずと片づけやすい部屋になるのです。想像力を働かせて空間の使い方、家具の選び方を考えましょう。

間取りの先入観を取り払う

「これはそこに置かれるべき」という考えが整理脳を鈍らせます。
まずはあなたの動線をイメージして、
そこに何が必要なのか洗い出してみましょう。

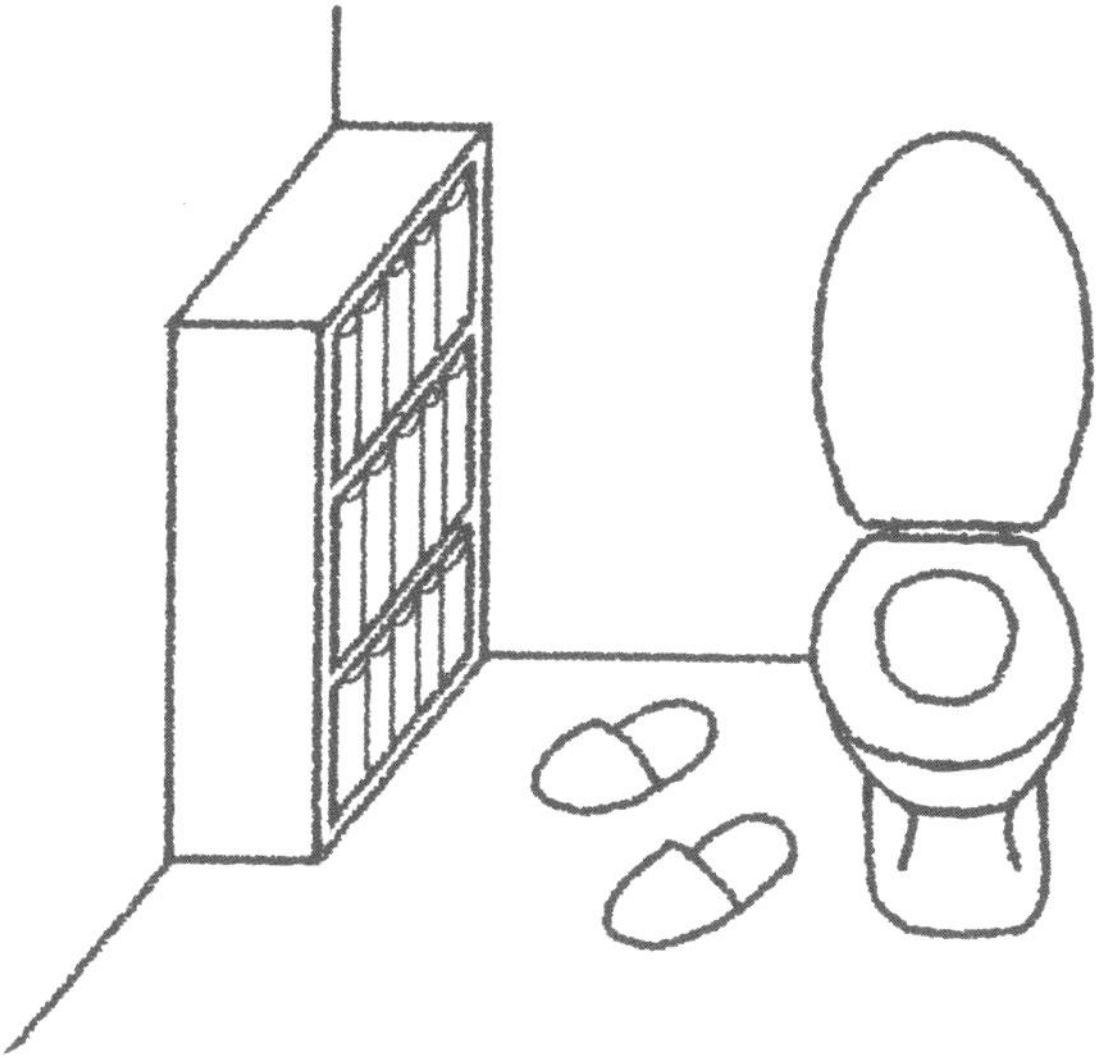

トイレに本棚を置いてみる

病院や美容院などで、トイレに本棚が置かれていることも。トイレで本を読むという人は意外に多い。このように、意外な場所にも趣味嗜好に合った動線がある。

場所別
モノのしまい方

キッチン、リビング、クローゼット、バスルーム、トイレ……。家の中のあらゆる場所は、それぞれ違った用途があるので、当然、モノのしまい方にもそれぞれふさわしい方法があります。

例えばキッチンなら、料理する人が働きやすい機能的な収納が理想。いろんなジャンルのモノが混在するリビングは、わかりやすいジャンル分けとそのモノを使うときのことを考えた収納が部屋自体を使いやすくします。

どの場所でも共通して言えるのは、収納にはモノを詰め込むのでなく、使うときのことを考えて、取り出しやすい量が収まるよう配慮することが大切ということです。何がどこにあるかがわかりやすく、出し入れしやすく、それぞれの機能が十分に発揮できるよう考えながら、必要であればモノを整理、処分してから配置を決めましょう。

居心地のよい部屋づくりと、見た目のオシャレに気を配ることで、片づけのモチベーションもＵＰします。

場所別に収納をはじめよう！

モノの整理が終わったら、
今度は決まった置き場所をつくってあげなければいけません。
場所別にコツコツしまっていきましょう。

クローゼット (P.150)
選びやすさと
取り出しやすさを
重視

リビング (P.146)
モノはジャンル分けして
使いやすくしまう

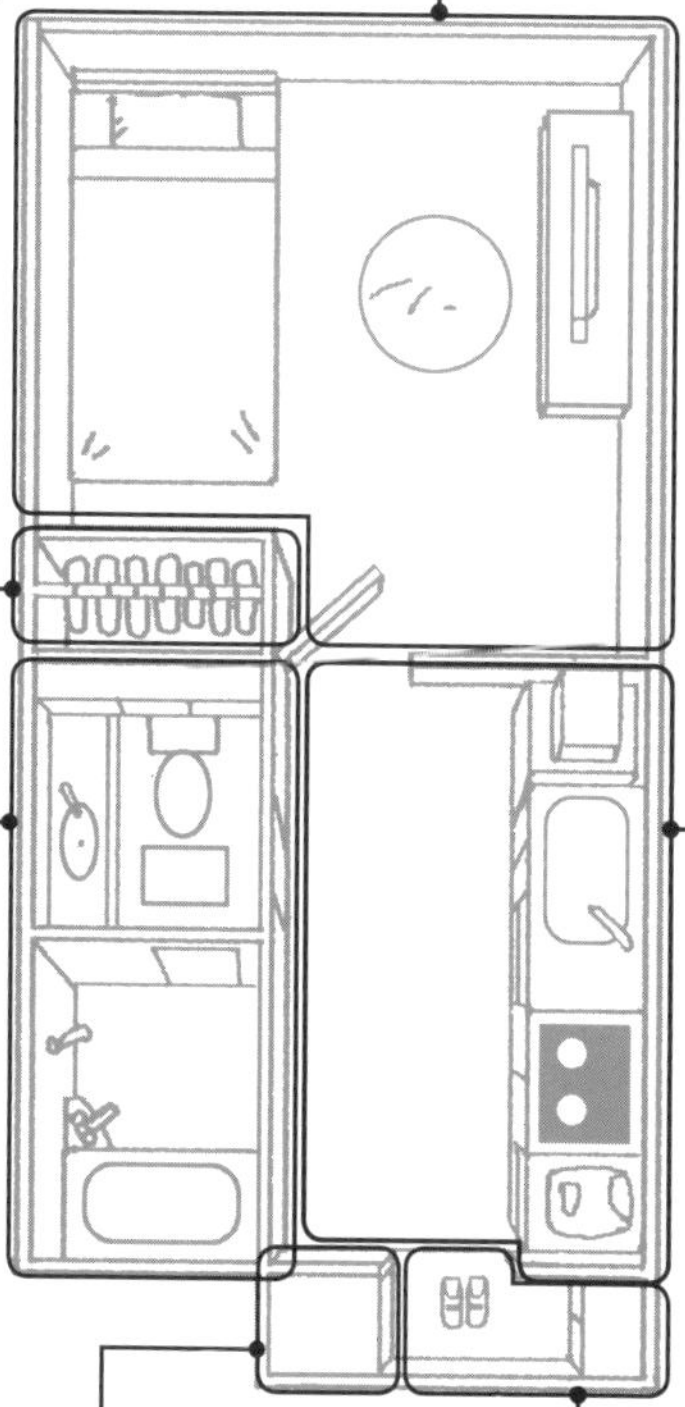

バスルーム トイレ (P.152)
使いやすさと
掃除のしやすさを
両取り

キッチン (P.148)
作業しやすい
機能的な動線を
目指す

物置き (P.154)
使うときにすぐにモノが
出せるよう置き方の工夫を

玄関 (P.156)
たたきにはモノを
置かないお約束

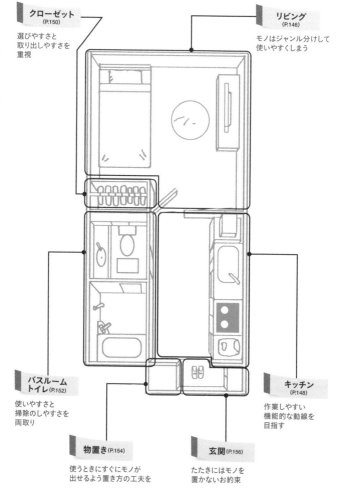

リビング

モノはジャンル分けして使いやすくしまう

散らかりやすい場所なので、モノはジャンル分けして、使う場所の近くに収納。
例えばAV機器の脇にCD棚。文房具など家族みんなで使うモノは共有コーナーに。
雑多な生活用品は納戸にしまいましょう。
もうひとつ、見た目も大事。センスのいい収納グッズで居心地いい空間を。

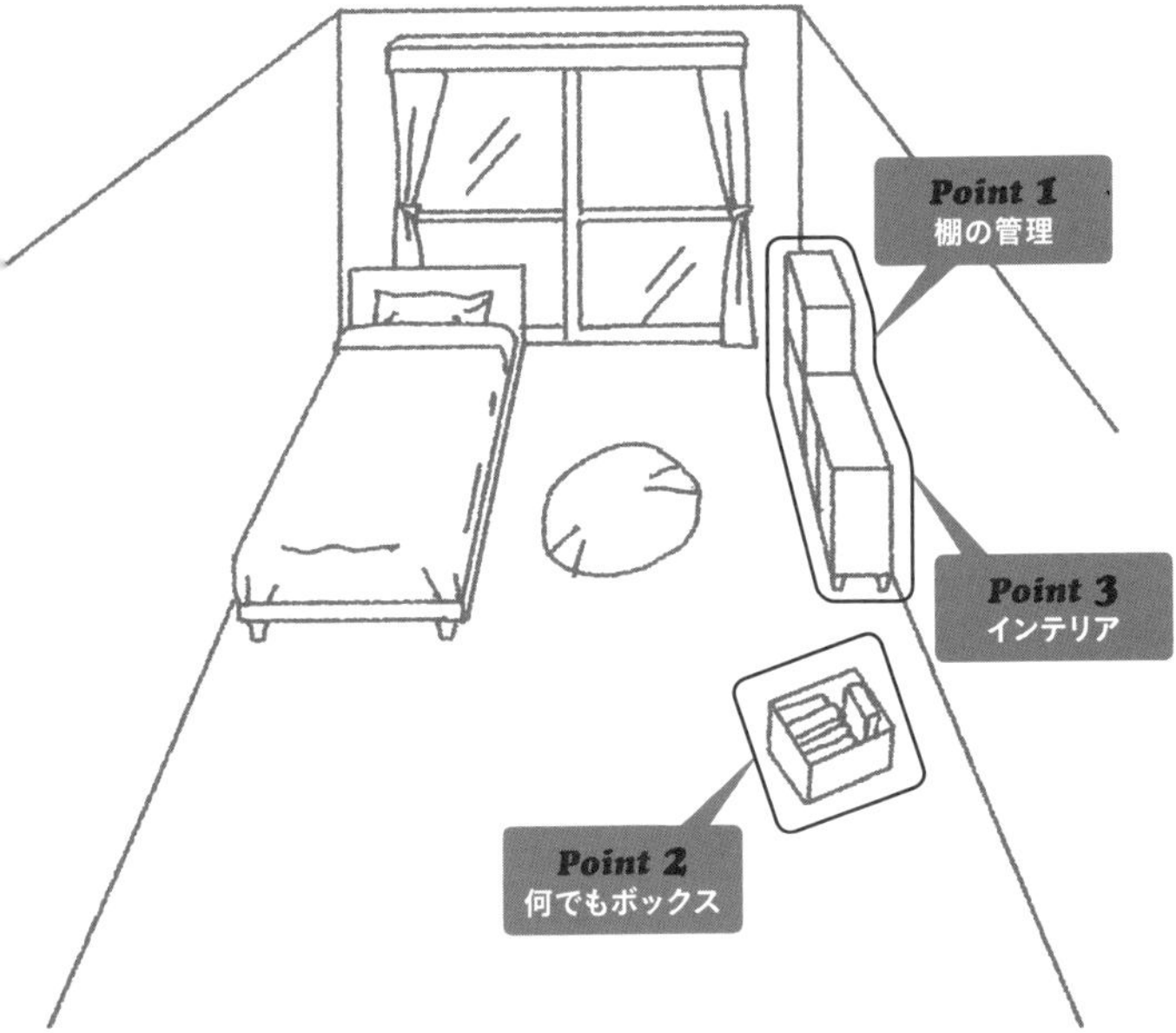

Point 1

棚の管理

むやみに棚を増やさない

収納スペースが増えれば当然モノも増えます。棚や家具を買い足す前に、まず、減らせるモノはないか見てみる。

Point 2

何でもボックス

家族にひとつずつ何でもボックスをつくる

自分のモノはここに入れて各自がしっかり管理。みんなで共有の何でもボックスはNG。責任があいまいになり野放しに。

Point 3

インテリア

ちょっといいグレードのインテリアを採用

来客があるので機能性だけでなく見た目にもこだわりたい。ステキな収納なら片づけのモチベーションもUP!

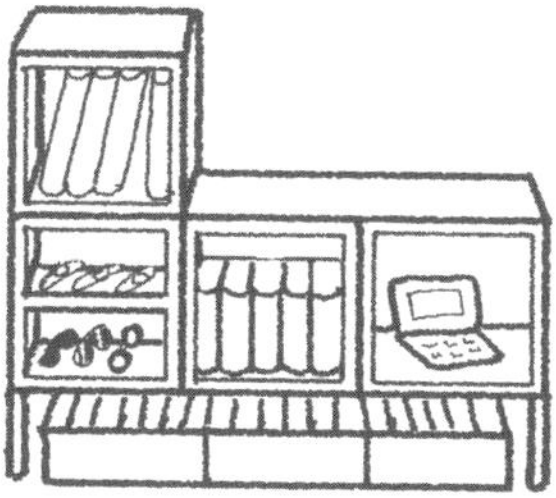

キッチン

作業しやすい機能的な動線を目指す

毎日の料理や片づけがしやすい収納を目指しましょう。基本は使う位置に使うモノを。
片手でパッと取れるくらいのところに、作業スペースをふさがずに置くのがベスト。
同じようなモノを何個も持っていないか気をつけましょう。
もちろん衛生面や安全面はしっかりおさえて。

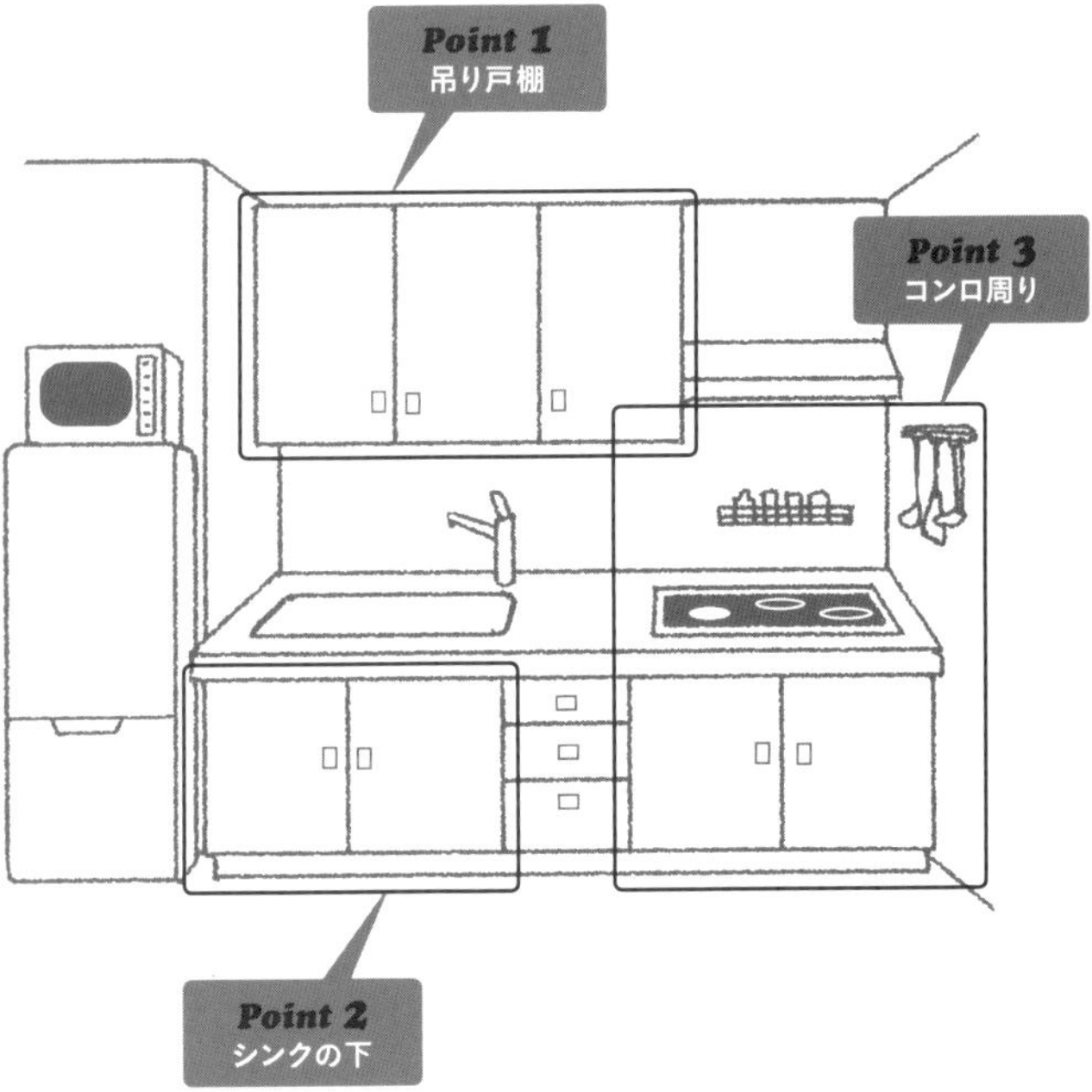

Point 1

吊り戸棚

届かない段には
モノを置かない

使用頻度が高いモノは使う場所から手を伸ばすだけで届くのが理想。吊り戸棚の上段は届かないなら空けたままでも。

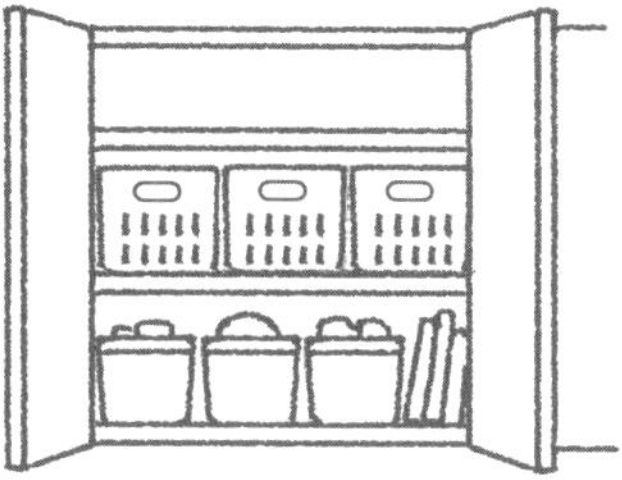

Point 2

シンクの下

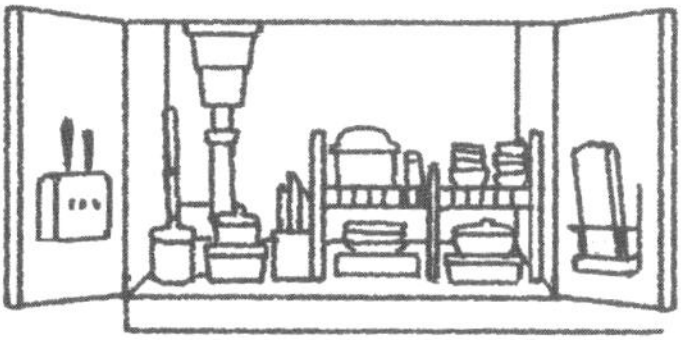

食器棚は不要！
すべてシンク下へ収納

食器棚は場所を取るし、あれば食器を増やしたくなる。シンク下にしまえる範囲にして、じっくり選んだモノを。

Point 3

コンロ周り

ツールは吊るし
調理器具はコンロ下へ

よく使うモノはパッと取れるのがベスト。吊るす収納を活用すれば、作業台をふさがなくてすむから一石二鳥。フライパンや鍋はコンロ下にまとめて収納。

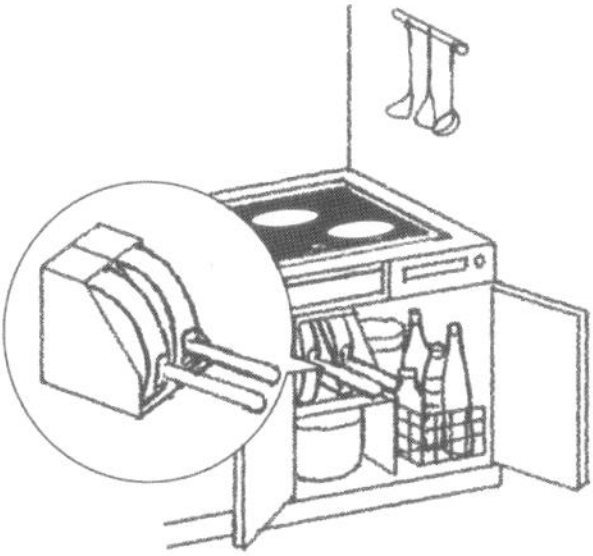

クローゼット

選びやすさと取り出しやすさを重視

クローゼットは服が死蔵されやすい場所。でも、ここはストックする場所じゃなく
「選びやすく、取り出しやすい場所」を目指します。
同じジャンルのアイテムは同じ場所に収納して一覧できるように。
ケースやハンガーは持っている服の量に合わせて同じ種類でそろえる。

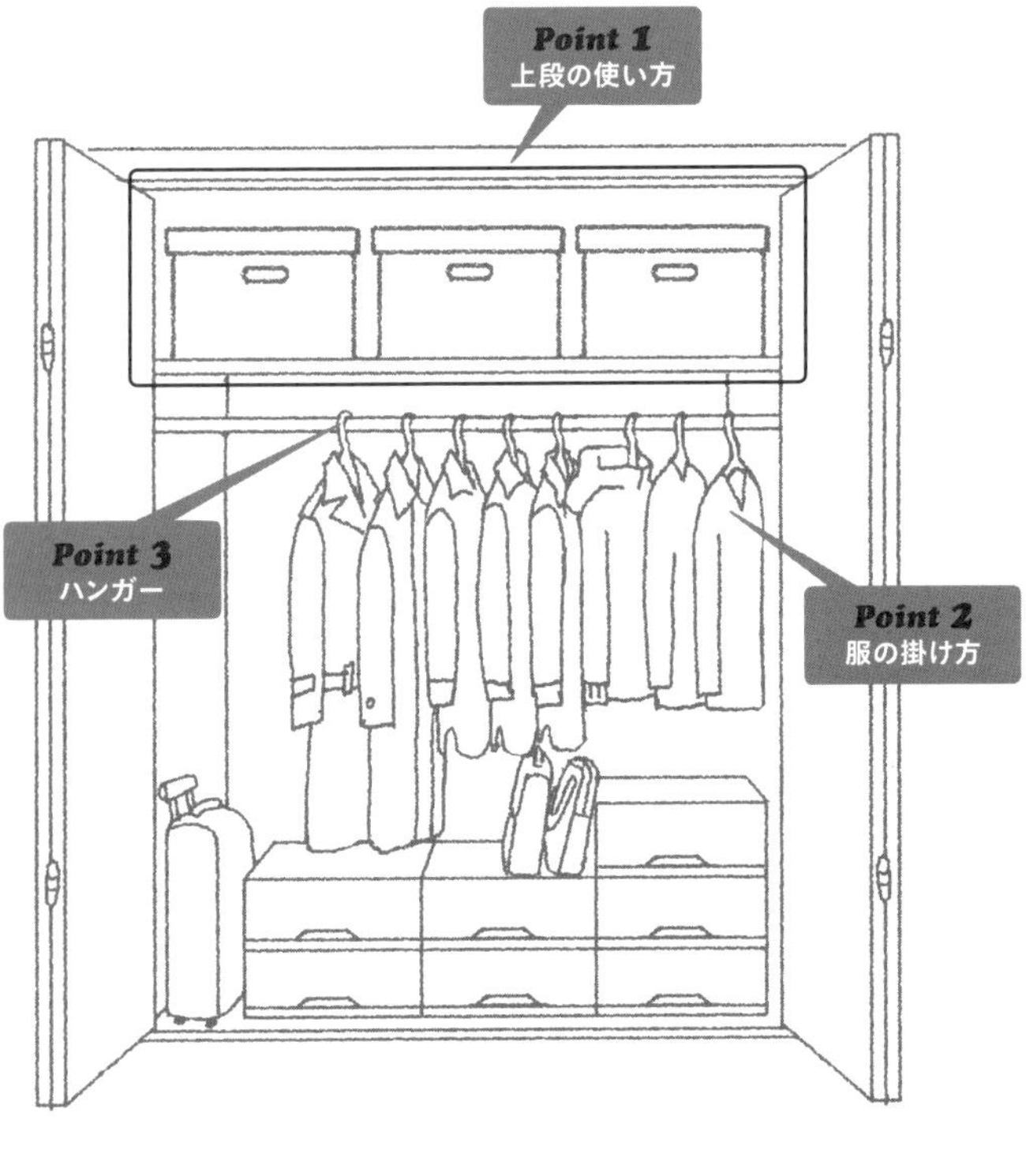

Point 1

上段の使い方

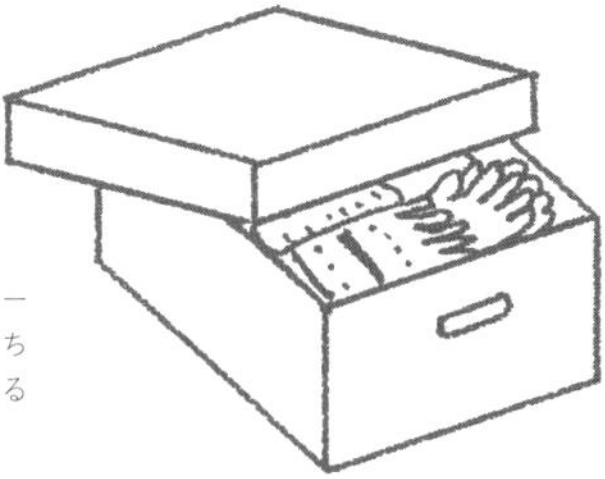

**オフシーズンのモノは
普段使わない上の棚へ**

手が届きにくい上の棚にはオフシーズンのモノを。引っぱりやすい持ち手つきの不織布ケースなどに入れるのがベター。

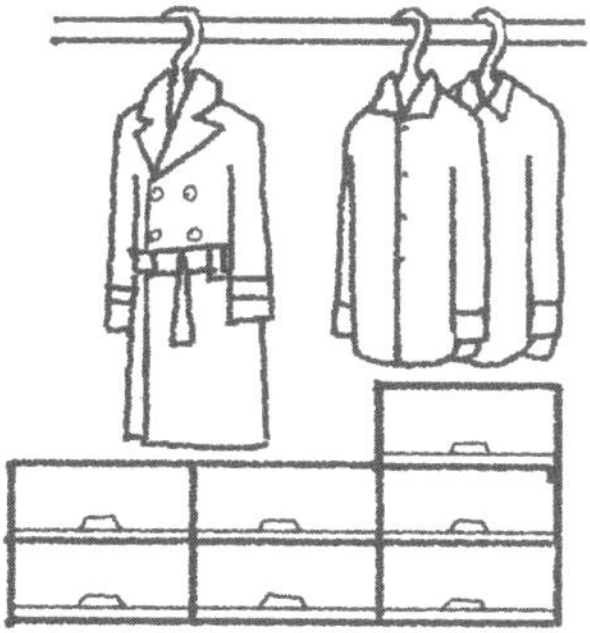

Point 2

服の掛け方

**掛けた服の長さに合わせて
衣装ケースの段を調整**

衣装ケースは、上に掛ける衣類の長さに合わせて階段状に。中にはインナー、ニット類、下着、靴下などをたたんで入れる。

Point 3

ハンガー

**ハンガーの種類は
そろえてスッキリさせる**

男性用、女性用、子ども用でそろえると見た目スッキリ。ポールの長さの8割までが掛けられるMAX数と心得て。

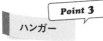

バスルーム トイレ

使いやすさと掃除のしやすさを両取り

使いやすさと掃除のしやすさを考えてモノを置くように。
その場所で使うモノは、その場所に置けるように工夫。
汚れやすい床は掃除しやすいように、なるべくモノを置かない。
日用品のパッケージは概してカラフルなので、
色を抑えたモノを選ぶだけでも落ち着き感が出ます。

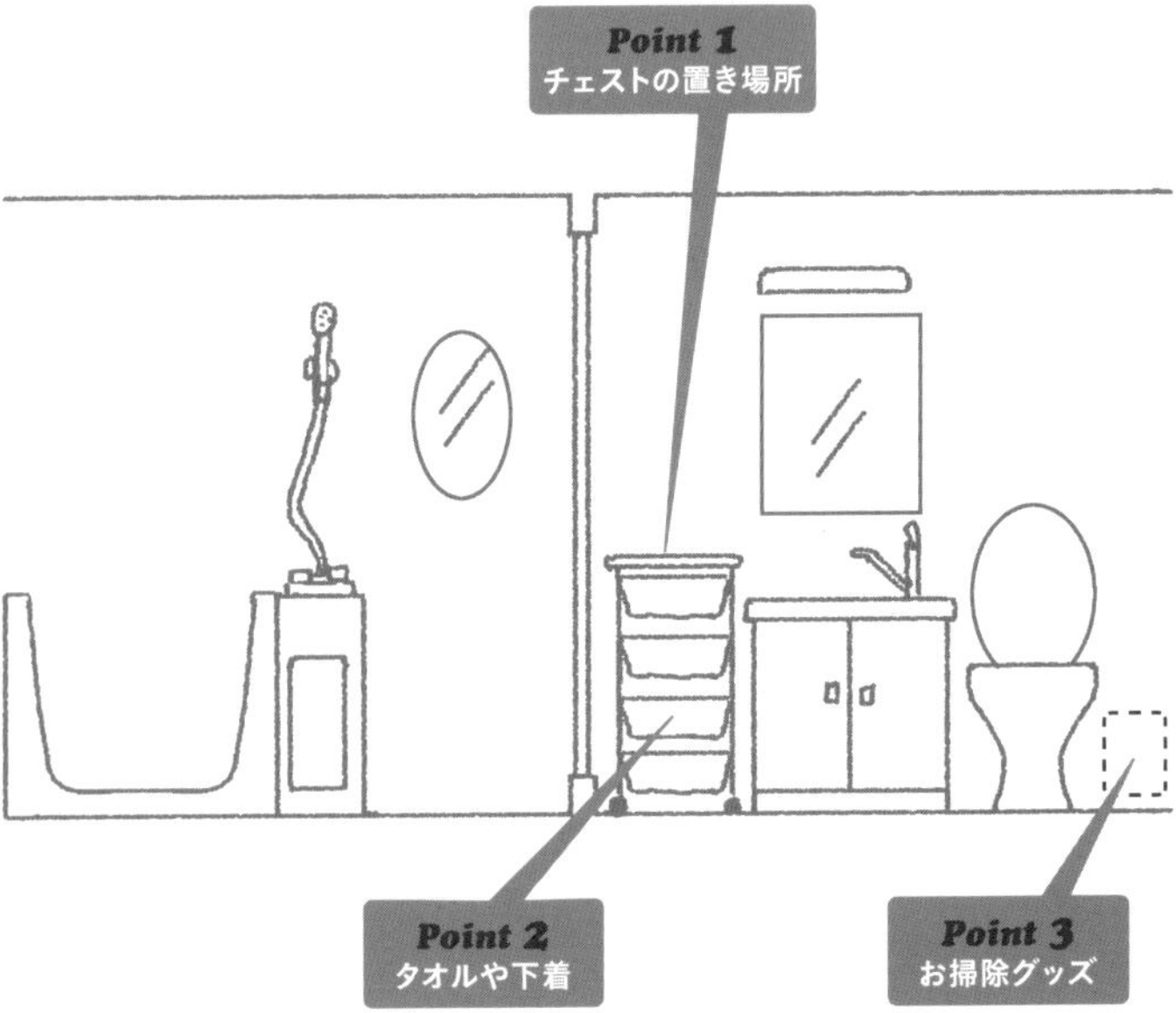

Point 1

チェストの置き場所

使う場所に使うモノを置く

水回りはせまいけれど、そこで使うモノはそこに置くように工夫して。脱衣所、トイレにつっぱり棚は重宝。

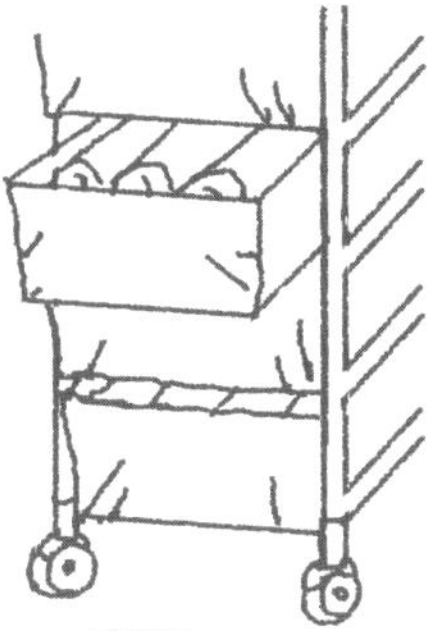

Point 2

タオルや下着

アイテムは同じ種類でまとめる

引出しやカゴごとにタオル、下着などを分けて収納。タオルなどは同じ種類を買いそろえると見た目もスッキリ。

Point 3

お掃除グッズ

トイレブラシは持たない主義

ブラシを手で洗うくらいなら最初から便器を手で洗っちゃえ。使い捨てシートとメラミンスポンジでこまめに。

物置き

使うときにすぐモノが出せるよう置き方の工夫を

押入れや納戸は時々しか使わないけれど必要なモノの定位置。

片づいた部屋をキープする大事な役割があります。

たくさんしまうことよりも、使うときにすぐモノが出せるよう置き方を工夫。

そのためには、まず、入れるモノの厳選も必要。奥まで見渡せるように収納するのが理想的。

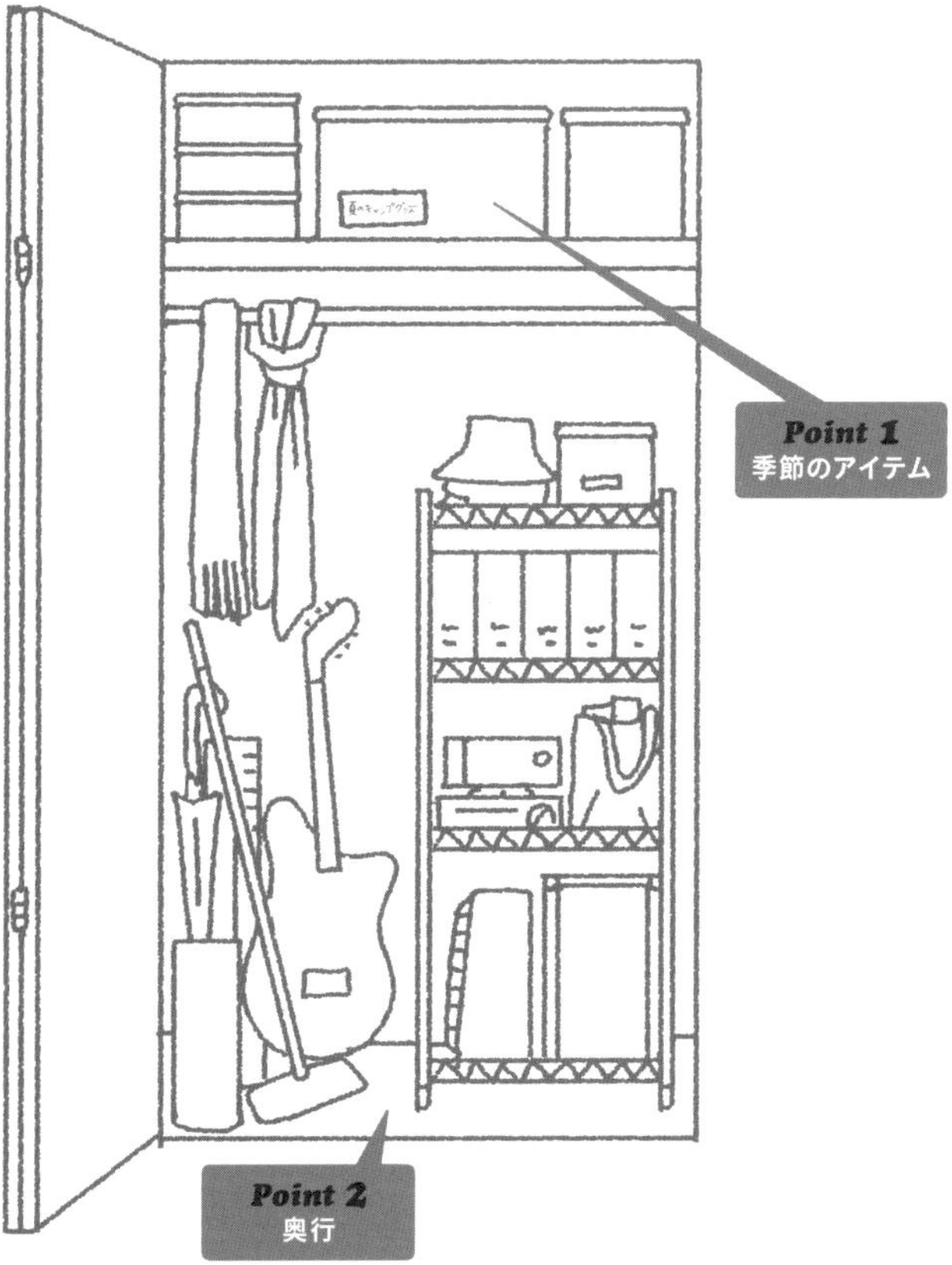

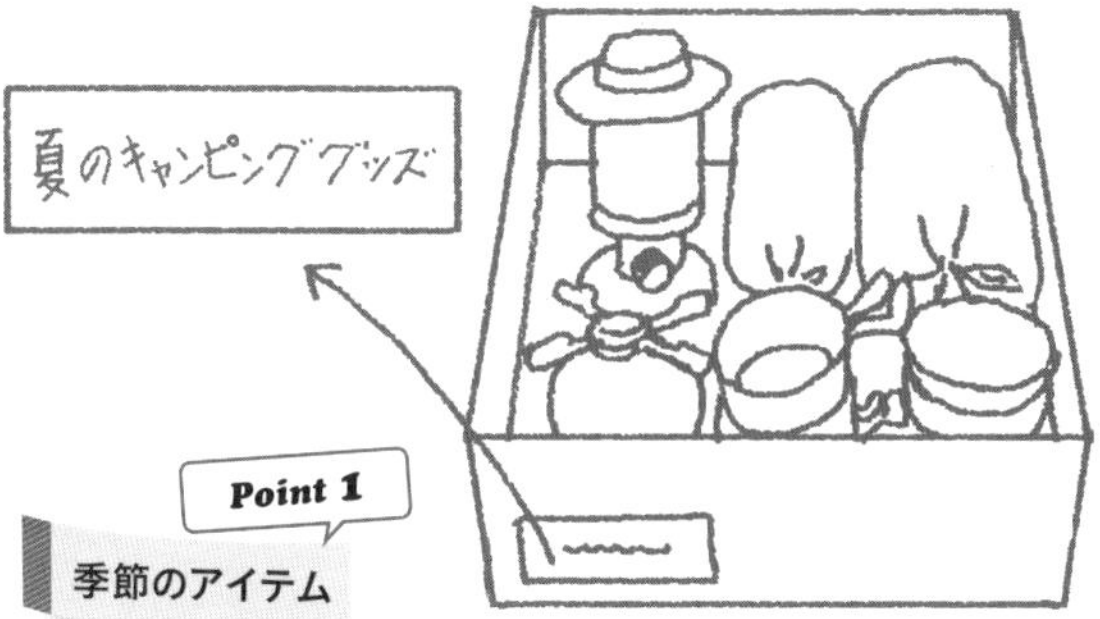

Point 1

季節のアイテム

季節のアイテムはラベリングして上段へ

クリスマスツリーなど季節のモノは納戸の上段へ。ラベリングして、必要なときサッと取り出せることが肝心。

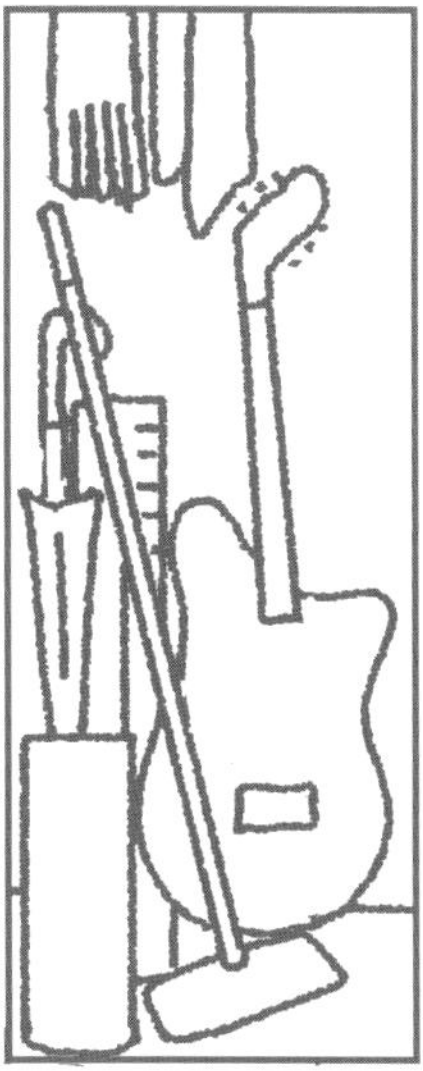

Point 2

奥行

奥まで見えるのが鉄則

モノの量は見渡せる範囲にとどめる。でないと、奥のモノが死蔵品になったり、存在を忘れたりしてしまう。

玄関

たたきにはモノを置かないお約束

お客様が最初に目にする場所なので好印象を演出。

片づいているのはもちろん、ちょっとしたオシャレも楽しみたい。

スッキリ見せるには、たたきになるべくモノを置かないこと。出していい靴は1人1足。

収納を有効に活用し、表に出るものはデザインにも気を配りたい。

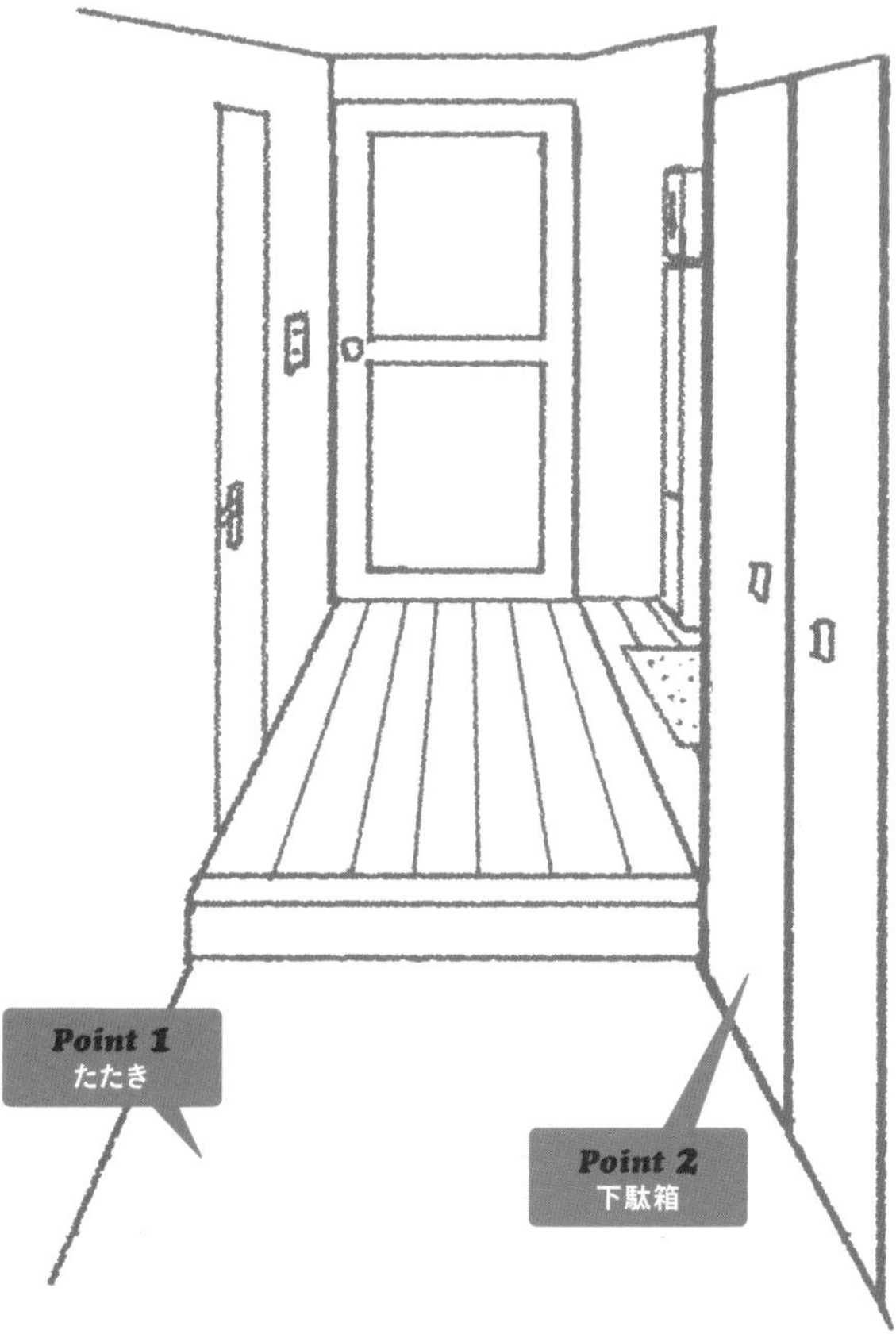

Point 1

たたき

玄関先は常に何も置かない

玄関を開けた瞬間がスッキリしていると好印象。シューズラックやつっぱり棚などで収納を増やし空間を有効活用。

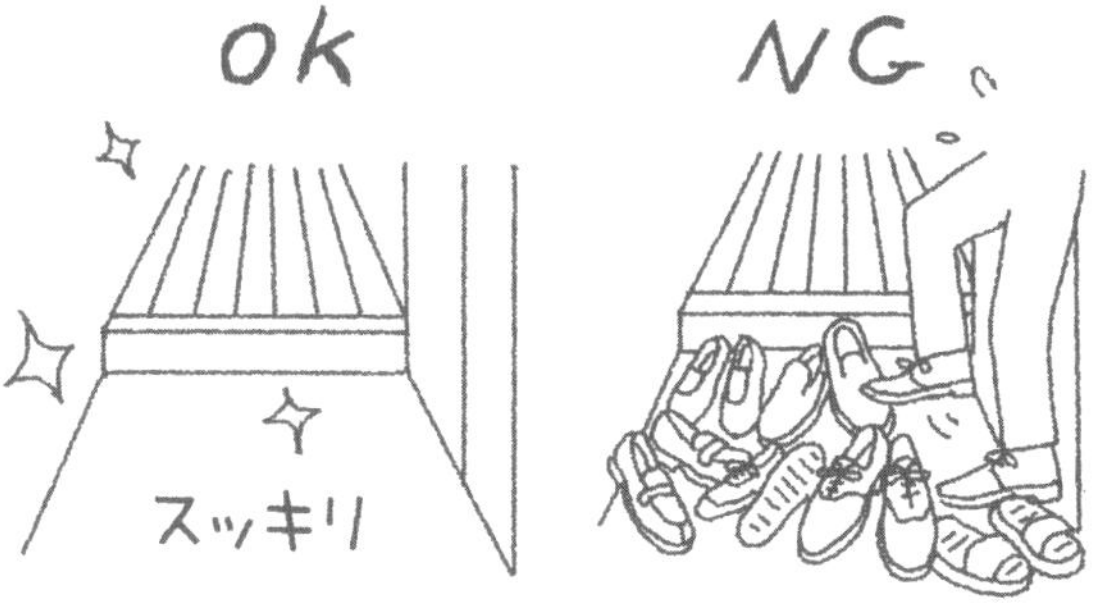

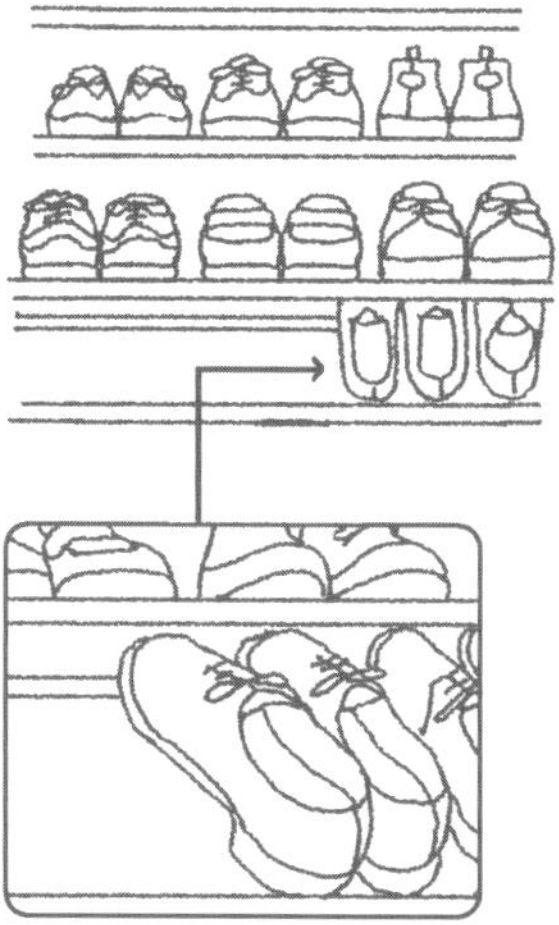

Point 2

下駄箱

つっぱり棒で
ななめ掛け収納

大きな靴は下駄箱の奥行に収まらないことも。つっぱり棒につま先をひっ掛け、斜めにすると収納できるように。

Column
3

片づけられない人
あるある❸

監修の吉川永里子さんが、
これまで片づけてきたお宅に共通するあるあるネタをご紹介。
あなたにも当てはまるかも?

何をしようとしていたのか思い出せない……。

片づけに行ったきり行方不明

リビングを整理しているとシーツを発見したAさん。パートナーが寝室に戻しに行ったきりしばらく戻ってきません。探しに行くと寝室でも片づけをはじめていました。集中力が続かず、つい他のところに注意がいき、見つけた先々でモノを広げてしまいます。結局、1ヶ所も片づかないまま、各部屋を散らかしてしまうというのは最大のあるあるかもしれません。

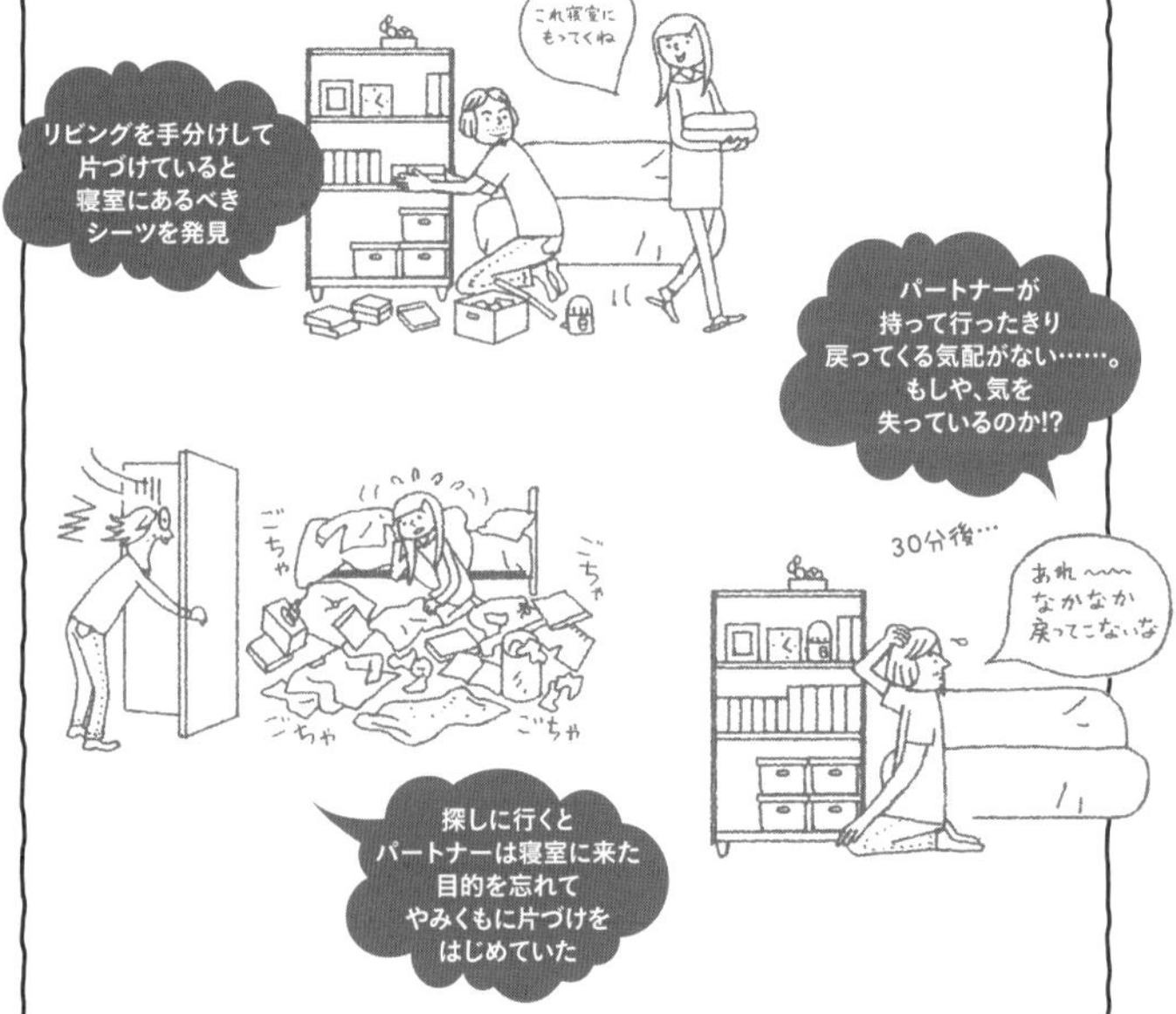
リビングを手分けして片づけていると寝室にあるべきシーツを発見
これ寝室にもってくね
パートナーが持って行ったきり戻ってくる気配がない……。もしや、気を失っているのか!?
30分後…
あれ〜〜 なかなか戻ってこないな
ごちゃ
ごちゃ
ごちゃ
ごちゃ
探しに行くとパートナーは寝室に来た目的を忘れてやみくもに片づけをはじめていた

片づけられない悪循環から抜け出して得たこと

おわりに

かつての私は片づけられない人間でした。

もったいないというより、めんどくさいから後回しにしていたタイプです。そのため悪循環にどっぷりとハマり、探し物、なくし物は日常茶飯事。準備に時間がかかるので遅刻魔でもありました。仕事の効率も悪ければ、気分屋で人間関係も良好とは言えなかったでしょう。

だから10年前の私からすると、今の私はスゴイ人です（笑）。

2人の子どもを育てながら、日々多くの仕事をさせていただき、さらには自分の自由な時間も取れています。確実に時間がうまく使えています。家族が増えたのに、家の中のモノの数は減っていて、52㎡の賃貸マンションはなかなかスッキリ。モノが少ないからこそ、様々な面でラクできているのです。

ただこれだけは覚えておいてください。モノを持つことが悪いことでもなければ、モノを捨てればいいだけでもない。シンプルに「自分に不必要なモノは持つべきではない」それだけです。

本書が本当に必要なモノを見極め、快適な人生を送るために少しでも役立ててもらえれば幸いです。

最後になりましたが、編集を担当してくださった小針さま、ライターの伊大知さま、イラストレーターの山口さま、デザイナーの三井さま、笠倉出版社の新居さまに感謝いたします。

収納スタイリスト　吉川永里子

［監修］ **吉川永里子**

Room&me代表
収納スタイリスト・整理収納アドバイザー1級認定講師

2008年より収納スタイリストとして活動を開始。片づけられなくてむちゃくちゃだった過去の暮らしを活かし、「片づけはストレスフリーに暮らす近道」をモットーに、ざっくばらんに整理収納について説く。
女性目線・ワーキングマザー目線で行う整理収納やライフスタイル提案は「無理しないスタイリッシュな暮らし」と、働く女性や主婦の間で話題に。メディアでのアドバイス以外に、個人のお客様のお宅へも積極的に伺う。講演・セミナー・ワークショップ・ラジオなど話す仕事も多く、テンポのいい分かりやすい言葉で片づけについて伝える。レッスンやセミナーなど、これまでに10000人以上に片づけをレクチャー。
プライベートでは夫と4人の息子と賃貸住宅に暮らす。

Room&meホームページ　http://roomandme.net

編集 …… ナイスク　http://naisg.com/
松尾里央　高作真紀　尾崎惇太

装丁・本文デザイン …… 三井京子

DTP …… 株式会社ツー・ファイブ

イラスト …… 山口正児

執筆 …… 伊大知崇之

本書は2016年に出版された『30日間片づけプログラム』を再構成したものです。

ポケット版 30日間片づけプログラム

発行日　◎ 2019年12月13日　初版発行

発行人　◎ 笠倉伸夫
編集人　◎ 新居美由紀
発行所　◎ 株式会社笠倉出版社
〒110-8625
東京都台東区東上野2-8-7 笠倉ビル
代表　0120-984-164
編集　03-5846-3456
印刷・製本　◎ 株式会社光邦

ISBN 978-4-7730-8943-1